CW01465519

우리가 매일 쓰는 이 입말, 프랑스어로 어떻게 말할까요?

프랑스네이티브가 가장 많이쓰는 프랑스어 표현 BEST

프랑스네이티브가 가장 많이쓰는
프랑스어표현 BEST

편 저 자 김지연, Julien SEGUIN 공편
발 행 인 윤우상
책임편집 윤병호, 최준명
발 행 일 2009년 7월 15일
출 판 일 2009년 7월 22일
발 행 처 송산출판사
주 소 서울특별시 서대문구 홍제4동 104-6
전 화 (02)735-6189
팩 스 (02)737-2260
홈페이지 http://www.songsanpub.co.kr
등록일자 1976년 2월 2일, 제 9-40호

ISBN 978 - 89 - 7780 - 138 - 7 13760

우리가 매일 쓰는 이 입말, 프랑스어로 어떻게 말할까요?

프랑스네이티브가 가장 많이쓰는 프랑스어 표현 BEST

김지연, Julien SEGUIN 공편

머리말

언뜻 보면 쉬워 보이는 우리말 표현을 불어로 옮기려고 할 때마다 머릿속이 하얘지면서 침묵했던 경험, 웃음이나 바디랭귀지로 넘겼던 경험 있으시죠? 학창시절 책으로만 익혔던 문어체를 일상 대화에 그대로 쓰기 힘들었죠?

10년 넘게 영어를 배우고도 막상 한 마디 내뱉는 게 어려웠던 경험들은 비단 내 얘기만은 아닐 것이다. 강단에 서서 강의를 할 때에도 책 속에서는 찾아볼 수 없는, 그야말로 생활 속에서, 거리에서 쓰이는 회화 표현들을 알리고자 노력했다. 그때마다 아쉬웠던 건 교실에서 배울 수 없었던 살아있는 불어, 평소 생활 속에서 쓰이는 사소한 말들을 책으로 정리할 수 없을까 하는 것이었다.

이 책은 우선 네티즌을 상대로 입에 자주 오르내리는 우리말 표현을 수집하고 그 가운데 1,000개 문장을 선정했으며, 이를 표본으로 프랑스어를 학습하고 있는 일반인들을 대상으로 베스트 표현 300개를 뽑아 1위부터 300위까지 순위를 정했다.

교실에서 딱딱한 책 안에만 머물러 있는 불어가 아니라 거리에서, 실생활에서 쓰이는 살아 움직이며 생동감 있는 불어, 평소에 대화하고 싶었던 불어 표현들이 너무나 간단명료하게 쉽게 활용할 수 있는 대화문들과 함께 정리가 되어 있어 이 책 한 권이면 불어로 대화하기가 훨씬 수월할 것이다.

학습한 내용을 다시 한번 네이티브의 현지 발음을 들으면서 학습할 수 있도록 모든 문장을 현지인의 정확한 발음으로 녹음한 CD

를 부록으로 제공하였다. 일상에서 흔히 쓰는 표현들을 담아놨기 때문에 무엇보다 활용도가 높은 것이 이 책이 가진 가장 큰 매력이다.

발음도 영어나 한국어와 매우 다르고, 문법도 까다로워서 정말 힘들게 공부해야 하지만 반복해서 듣고, 소리 내 말하고, 통째로 암기해 버린다면 불어의 문턱이 그리 높게 느껴지지만은 않을 것이다. 나도 모르게 어느덧 불어의 아름다움과 매력에 빠져버릴지도 모르는 일이다.

마지막으로 프랑스어를 사랑하시며 우리나라의 프랑스어 보급에 일조하고 계시고, 특히 이 책의 출판에 적극적인 후원과 관심을 주신 신중성 어학원의 신중성 원장님, 신현규 실장님께 감사의 말씀을 드리고, 이 교재의 출판을 허락해주시고 많은 도움을 주신 윤우상사장님, 윤병호 과장, 최준명 대리에게 고마움을 전하고 싶다.

2009. 03. 25

편저자

이 책은 이런 점이 좋아요!

1. 우리가 매일 쓰는 우리말 표현을 수집하여 1000개를 선정했습니다.
선정한 1000개를 프랑스어를 학습하는 중학생, 고등학생, 대학생, 프랑스어 교사, 일반인을 표집하여 설문조사 했습니다. 설문을 통해 우리가 매일 쓰는 입말 중에서 프랑스어로 가장 궁금한 표현 BEST 300개를 뽑아서 [1위부터 300위] 순위를 선정했습니다.

2. 정말 알고 싶은 프랑스어 표현을 재미있고 가볍게 익힐 수 있습니다.
표제어에 맞는 상황을 제시하고 간단한 대화내용을 함께 수록하여 확실한 어감을 익힐 수 있도록 했습니다.

3. 표제어 순위를 한눈에 볼 수 있도록 목차를 구성했습니다.
표제어 순위를 12개씩 배치하여 본문내용을 쉽고 간단하게 접할 수 있습니다. 하루에 30분 투자로 효과적인 학습이 가능합니다.

4. 한국어 - 프랑스어 동시녹음 하였습니다.
녹음을 듣기만 하여도 자연스런 프랑스어표현을 익힐 수 있습니다. 대화문에서 표제어를 반복함으로써 상황 맞는 대화를 미리 접할 수 있습니다.

5. 가나다색인
부록편의 우리말색인으로 바로 찾아 프랑스어를 확인할 수 있도록 가나다순으로 배열하였습니다.

프랑스 네이티브가 가장 많이 쓰는 프랑스어 표현 BEST

학습방법

Step1 전체 내용을 읽으면서 살아있는 언어표현을 느껴보세요.

이 책은 우리가 일상생활에서 매일 서로 주고받는 말 중에서 쉽고 유용한 표현 내용을 담고 있습니다. 학습자는 먼저 소설 읽듯이 처음부터 끝까지 한 번 쭉 읽어보는 것이 가장 중요 합니다. 프랑스어 표현 BEST 순위를 보면서 네이티브의 어감을 느껴보세요.

Step2 프랑스 네이티브처럼 프랑스어로 말해보세요.

우리말 표현을 보고 떠오르는 대로 아는 단어와 표현을 모두 떠올려서 프랑스어로 말해보세요. 그 후에 프랑스어 표현을 보고 어떤 의미인지 생각해봅니다. 마음에 드는 표현들은 달달 외워서 말해보거나, 그때그때 말하고 싶었던 표현들만 따로 모아서 노트에 정리하고 익혀서 네이티브처럼 말하세요.

Step3 MP3를 듣고 큰소리로 말해보세요.

자신의 목소리를 느낄 수 있을 정도로 용기 있게 큰소리를 내어 문장을 읽어보세요. 입을 신나게 움직이고 큰소리 내어 연습해야 어떤 상황에서도 바로 말할 수 있습니다. 네이티브 음성의 MP3를 듣고 비슷한 발음을 내도록 꾸준히 반복하여 듣고 따라 말해보세요. 큰소리로 말하는 것은 상당히 효과적이어서 발음도 좋아지고 청취력도 향상될 것입니다.

Step4 하루에 딱 30분만 받아쓰기를 활용하세요.

네이티브가 일상에서 자주 쓰는 표현 BEST 300을 하루에 딱 30분만 듣고 받아쓰기 해보세요. 받아쓰기는 그 날 암기한 내용을 스스로 확인해 볼 수 있고, 암기한 표현을 자신 있게 말할 수 있는 지름길입니다.

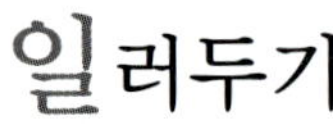

1. 본 책은 설문을 우리가 매일 쓰는 입말 중에서 프랑스어로 가장 궁금한 표현BEST 300개를 뽑아서 1위부터 300위까지 순위를 선정했다. 12개씩 표제어를 묶었다. 본문내용은 짝수페이지는 상황제시 표제어, 대화문 해석을 수록하였다. 홀수페이지는 프랑스어 표제어와 대화문을 수록함으로써 확실한 어감을 익힐 수 있도록 하였다.

2. 프랑스어는 주어의 성과 수에 따라 명사나 형용사, 혹은 과거분사의 형태가 달라질 수 있으며, 과거시제의 문장에서 직접 목적어가 과거 분사 앞에 위치하는 경우에도 직접 목적어의 성과 수에 따라 과거분사의 형태가 달라지는데, 이 때 문맥상 남, 녀 성이 불분명한 경우엔 임의로 남성으로 간주하였습니다.

나 정말 바빠!	주어가 남성인 경우	Je suis très occupé !
	주어가 여성인 경우	Je suis très occupée !
너희들(당신들) 피곤하지(피곤하시죠) ?	주어가 남성 복수인 경우	Vous êtes fatigués ?
	주어가 여성 복수인 경우	Vous êtes fatiguées ?
왜 아침에 안 왔어 ?	주어가 남성인 경우	Pourquoi tu n'es pas venu ce matin ?
	주어가 여성인 경우	Pourquoi tu n'es pas venue ce matin ?

너희들(혹은 당신들은) 영화관에 갔었어(갔었나요)?	주어가 남성 복수인 경우	Vous êtes allés au cinéma ?
	주어가 여성 복수인 경우	Vous êtes allées au cinéma ?
난 널 봤어.	네가 남자인 경우	Je t'ai vu.
	네가 여자인 경우	Je t'ai vue.
난 너희들(당신들)을 봤어(요).	너희들 혹은 당신들이 남성 복수인 경우	Je vous ai vus.
	너희들 혹은 당신들이 여성 복수인 경우	Je vous ai vues.

3. 같은 프랑스어 표현이라도 우리말로 옮길 때는 상황에 따라 또는 듣는 대상에 따라 다르게 표현될 수 있다.

- C'est ma voiture.

(이건 내 자동차야.//이건 내 자동차라고.//이건 제 자동차에요.)

- J'ai vu. (내가 봤어.//제가 봤어요.//제가 봤다고요.)

4. 이 책 대부분의 표현과 예문들이 친한 사이에서 이루어지는 구어체이기 때문에 격식을 차려야 하는 vous 대신 tu 로 사용했으니 참고하시기 바랍니다.

- 걱정하지 마. Ne t'en fais pas !
- 걱정하지 마세요. Ne vous en faites pas !

5. 네이티브의 음성을 들으며 학습할 수 있는 CD 녹음 시에는 실제 프랑스인들이 발음하는 대로 녹음하였다.

- 주어인칭대명사 Tu 는 다음과 같이 축약되어 발음된다.

- Tu es (x) T'es (o) Tu as (x) T'as (o)

- 부정문에서 ne 는 실제로 발음되지 않는다.

- Tu n'es pas gentil. (x) T'es pas gentil. (o)

차례

37위 – 48위 BEST 표현 50

37 무더워 죽을 지경이야.
38 완전 바람둥이야.
39 보지 마, 창피해!
40 너 몸매 잘 빠졌다.
41 말씀 많이 들었어요.
42 말실수였어.
43 지겨워 죽겠어!
44 늦잠 잘 거야.
45 나이는 중요하지 않아.
46 너만 알고 있어.
47 꼬박 밤 새웠어.
48 미안해 할 것까지는 없어요.

49위 – 60위 BEST 표현 60

49 요즘 바빠 죽을 지경이야.
50 그 얘긴 꺼내지도 마!
51 난 걔한테 홀딱 반했어.
52 군침이 도는군.
53 넌 사진보다 실물이 예뻐.
54 뱃살 좀 빼고 싶어.
55 옷이 촌스러워.
56 눈에 콩깍지가 씌었나봐.
57 걔는 입만 살았어.
58 눈이 삤나 봐.
59 너무 야하네.
60 걘 듣기 좋은 말만 해.

61위 – 72위 BEST 표현 70

61 오늘 정말 푹 잤어.
62 회사에서 메신저를 막아놨어.
63 괜히 폼 잡지 마.
64 촌스럽다.
65 거짓말 같은 거 안 해요.
66 걔 꿈 좀 깨라고 해.
67 그녀에게 뿅 갔어.
68 바가지 썼네.
69 내숭 떨지 마!
70 밤새 한잠도 못 잤어.
71 우린 첫눈에 뿅 갔어.
72 기분 꿀꿀해.

차례

109위 – 120위 BEST 표현 110

109 밥 맛 떨어진다.
110 내게 그런 핑계대지 마.
111 너무 기뻐 죽겠어요.
112 대단해!
113 말해봤자 소용없어, 시간 낭비야!
114 운이 좋군!
115 싼 게 비지떡
116 옷이 날개다.
117 그 남자한테 홀딱 반했어.
118 일부러 관심 없는 척 튕겨보는 거겠지.
119 아직 이상형을 찾는 중이야.
120 맛이 아주 좋아.

121위 – 132위 BEST 표현 120

121 뭐라고 하는지 못 들었어.
122 나 지금 통화 중이야.
123 저 열혈 팬이에요.
124 그럴 리가 없어.
125 제 버릇 어디 가니.
126 내 말이 그 말이야.
127 그 사람 내 이상형 같아.
128 난 사랑에 빠졌어.
129 이건 내가 주는 작은 선물이야.
130 어리석게 굴지 마.
131 그런 기대하지 마.
132 폐를 끼쳐 드려 죄송해요.

133위 – 144위 BEST 표현 130

133 이건 내 스타일이 아니야.
134 걔는 그냥 사람 마음 가지고 노는 거야.
135 걔 생각하면 지금도 가슴이 아프다.
136 그걸 꼭 말로 해야 되니?
137 난 이거 못하겠어!
138 너흰 아무 도움도 안 되잖아!
139 한 입만 먹어도 돼?
140 맛이 밍밍해.
141 감기 기운이 좀 있어.
142 목이 쉬었어.
143 체중 조절 좀 해야겠어.
144 어디서 많이 본 것 같은데요.

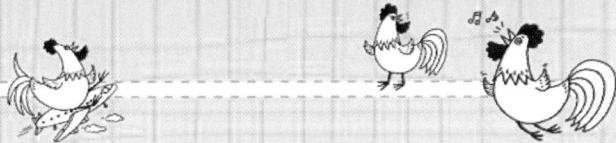

차례

차례

253- 264위 BEST 표현 230

253 당근이지.
254 요점만 말해!
255 한 번만 봐주세요.
256 불행 중 다행이구나.
257 세월이 약이야.
258 짚신도 짝이 있다.
259 눈에 넣어도 안 아플 정도야.
260 우리는 마음이 잘 맞아.
261 완전 구제불능이야.
262 정말 눈부시게 예뻐.
263 그 여자는 성미가 까다로워.
264 다이어트 한 거야?

265- 276위 BEST 표현 240

265 너무 서두르지 마.
266 오늘 표정이 왜 그렇게 안 좋은 거야?
267 너 너무 기운 없어 보인다.
268 지난 일에 연연해하지 마.
269 전 여기 단골이에요.
270 우린 전적으로 찬성이야.
271 아직 초저녁이야.
272 일정이 바뀌는 대로 연락주세요.
273 오고 싶을 땐 언제든지 놀러 와.
274 우린 만나자마자 마음이 잘 통했어.
275 이런 감정은 처음이야.
276 소름이 쫙 끼쳤어요.

277- 288위 BEST 표현 250

277 비밀 지켜줄게.
278 좋은 생각이 났어.
279 쟤는 어디가도 굶어죽진 않겠어.
280 다른 사람에게 떠넘기려고 하지 마.
281 제발!
282 내 말 좀 끝까지 들어줘.
283 됐어!
284 내 눈에 흙이 들어가기 전엔 안 돼.
285 동전 던지기로 결정하자.
286 정말 완벽해!
287 저리가! 꺼져!
288 두고 봐.

차례

1위 - 12위

001위 핸드폰 배터리가 나갔어.

002위 기분 짱이야!

003위 죽도록 사랑해.

004위 없는 것 보단 낫다.

005위 완전 망신당했어.

006위 너무 기죽지 마.

007위 그 말 진짜지?

008위 감 잡았어.

009위 원 샷!

010위 밤새 한숨도 못 잤어.

011위 끝내주네!

012위 열 받아!

1위 – 12위

001위 Je n'avais plus de batterie.

002위 Je suis au septième ciel !

003위 Je t'aime à mourir.

004위 C'est mieux que rien.

005위 Je me suis complètement raté.

006위 Ne dramatise pas trop.

007위 Sérieux ?

008위 J'en étais sûr.

009위 Cul sec !

010위 Je n'ai pas fermé l'œil de la nuit.

011위 Il est incroyable !

012위 Vraiment tu m'énerves !

001위 휴대전화로 연락이 잘 안될 때

핸드폰 배터리가 나갔어.

- 오전에 전화를 했는데 꺼져 있더라, 어떻게 된 거야?
- 내 핸드폰 배터리가 나갔어, 어제 핸드폰 충전을 깜박했어.

002위 어떤 일로 마음이 흡족할 때

기분 짱이야!

- 나 오늘 기분 짱이야! 왠지 알아?
- 몰라, 복권 당첨됐어?

해설 : 기쁨이나 환희의 절정에 달했을 때 '일곱 번째 행성에 있다.'라고 말한다.

003위 연인 사이에 사랑한다고 말할 때

죽도록 사랑해.

- 너는 만날 나를 너무나 사랑한다고 하는데 난 도무지 모르겠어.
- 알잖아, 죽도록 사랑해.

이해할 수 있나요?

001위 Je n'avais plus de batterie.

- Je t'ai appelé ce matin mais ton portable était éteint. Comment ça se fait ?
- Je n'avais plus de batterie. Hier soir j'ai oublié de la recharger.

002위 Je suis au septième ciel ! = Je suis super content !

- Aujourd'hui, je suis au septième ciel ! Devine pourquoi !
- Je ne sais pas, tu as gagné au Loto ?

003위 Je t'aime à mourir.

- Tous les jours tu me répètes que tu m'aimes mais j'ai du mal à te croire.
- Tu sais bien que je t'aime à mourir.

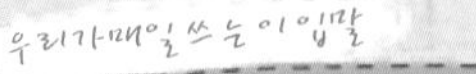

프랑스어로 어떻게 할까요?

004위 아무리 안 좋은 것이라도 있는 것이 낫다는 걸 말할 때

없는 것 보단 낫다.

- 네 차, 정말 고물이다.
- 아마도. 하지만 없는 것 보단 낫다. 이런 차도 없잖아, 넌.

005위 어떤 일이나 상황에서 실수로 인해 창피함을 당했을 때

완전 망신당했어.(속어: 쪽 팔렸다)

- 무슨 일이야? 어디 안 좋아?
- 프레젠테이션 하는데 큰 실수를 했어. 완전 망신당했어.

006위 어떤 것 때문에 너무 낙담하지 말라고 할 때

너무 기죽지 마.

- 이번 DELF시험에 떨어졌어, 그 동안 정말 열심히 했는데.
- 너무 기죽지 마. 다음에 잘 보면 돼지.

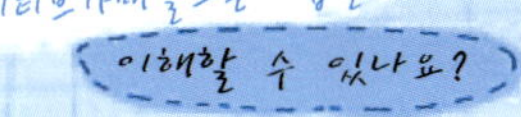
프랑스네이티브가매일쓰는이입말
이해할 수 있나요?

004위 C'est mieux que rien.

- Ta voiture, c'est vraiment une vieille caisse.
- Peut-être mais c'est mieux que rien.
  Je te rappelle que tu n'en as pas, toi.

005위 Je me suis complètement raté.

- Qu'est-ce qu'il y a ? Ça ne va pas ?
- J'ai fait mon exposé aujourd'hui mais je me suis complètement raté.

006위 Ne dramatise pas trop.

- J'ai été recalé au DELF. Pourtant je l'avais bien préparé.
- Ne dramatise pas trop. La prochaine fois tu feras mieux.

007위 상대방의 말을 확인할 때

그 말 진짜지?

- 네가 소피의 핸드폰 번호를 알아봐준다면 내가 저녁 쏠게.
- 그 말 진짜지?

008위 어떤 상황이나 말의 요지를 파악했을 때

감 잡았어.

- 너 그 소식 못 들었어? 파트리스랑 파트리시아가 결별했대.
- 감 잡았어, 어쩐지, 어제 그 사람 안색을 보아하니 그 둘 사이에 무슨 일이 있는 것 같더라니.

009위 술자리에서

원 샷!

- 너 이 잔 원 샷 할 수 있겠어?
- 당연하지! 자, 봐봐! 원 샷!

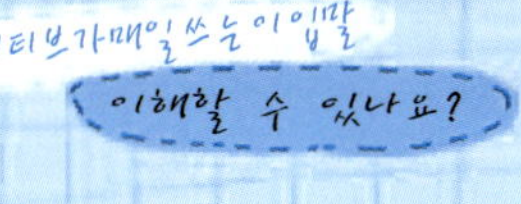
프랑스네이티브가매일쓰는이입말
이해할 수 있나요?

007위 Sérieux ?

- Si tu arrives à m'obtenir le numéro de téléphone de Sophie, je te paie un restaurant.
- Sérieux ?

008위 J'en étais sûr.

- Tu ne sais pas la dernière ? Patrice a quitté Patricia.
- J'en étais sûr.
  Rien qu'à voir sa tête hier je savais qu'il y avait quelque chose.

009위 Cul sec !

- Tu es capable de boire ce verre cul sec ?
- Bien sûr ! Tiens, regarde ! Cul sec !

우리가 매일 쓰는 이 입말

프랑스어로 어떻게 할까요?

010위 어떤 일로 인해 밤을 샜을 때

밤새 한숨도 못 잤어.

- 어제 집에서 친구와 인터넷 채팅하느라 밤새 한숨도 못 잤어.
- 어쩐지, 너 다크서클 생긴 거 봤어?

011위 대단함을 표현할 때

끝내주네!

- 그는 이번 시험 또 1등을 하고 또한 국가 장학금을 받았대.
- 끝내주네! 난 그 사람 반만 따라갔으면 좋겠다.

012위 친구 지간에 화났을 때 쓰는 말

열 받아!

- 정말 열 받아! 넌 왜 그렇게 내 말을 안 듣니?
- 진정해! 네가 뭔데 그런 식으로 말 하냐?

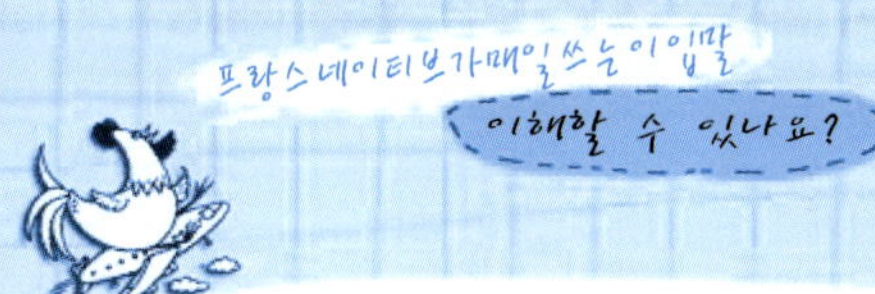

프랑스네이티브가매일쓰는이입말
이해할 수 있나요?

010위 Je n'ai pas fermé l'œil de la nuit.

- J'ai passé la nuit à chatter sur Internet.
  Je n'ai pas fermé l'œil de la nuit.
- Ça se voit ! Tu as vu les cernes que tu as ?

011위 Il est incroyable !

- Il est encore sorti major de sa promotion ce qui lui a permis d'obtenir une bourse d'études.
- Il est incroyable ! Je voudrais bien en faire autant que lui.

012위 Vraiment tu m'énerves !

- Vraiment tu m'énerves ! Pourquoi tu ne m'écoutes jamais ?
- Calme-toi ! Tu te prends pour qui pour me parler sur ce ton !

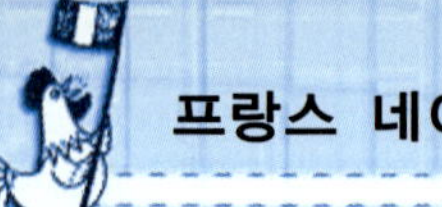

13위 - 24위

013위 진짜 최고야!

014위 꿈 깨라 꿈 깨!

015위 첫눈에 반해 버렸어.

016위 이메일 주소를 문자로 보내줘.

017위 핸드폰 진동으로 바꾸세요.

018위 내 꿈 꿔.

019위 너 제정신이니?

020위 눈코 뜰 새 없이 바빴어.

021위 진짜 짜증나!

022위 내게 고마워할 것까지는 없어요.

023위 뭐가 뭔지 하나도 모르겠어!

024위 사돈 남 말 하시네.

13위 – 24위

013위	Il est génial !
014위	Arrête de rêver !
015위	Je suis vraiment dingue de...
016위	Donne-moi ton adresse e-mail par SMS.
017위	Mettez votre portable en mode vibreur.
018위	Pense à moi.
019위	Ça ne va pas la tête ?
020위	Je n'ai pas eu un moment de répit.
021위	C'est vraiment agaçant.
022위	Moi, je n'y suis pour rien.
023위	Je n'en ai pas la moindre idée.
024위	Tu n'es pas très bien placé pour pouvoir faire ce genre de remarques.

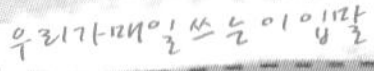
우리가매일쓰는이입말
프랑스어로 어떻게 할까요?

013위 굉장히 재미있고 감동적인 영화나 책을 봤을 때 주변 사람들에게 추천하면서 쓸 수 있는 말

진짜 최고야!

- 지난 주말에 《쿵푸팬더》라는 영화를 봤다며? 어땠어?
- 진짜 최고야! 너한테 그 영화 정말 추천하고 싶어.

014위 허황된 꿈을 말하는 사람에게

꿈 깨라 꿈 깨!

- 내가 백만장자라면 얼마나 좋을까?
  배도 사고 세계일주도 할 수 있을 텐데.
- 꿈 깨라 꿈 깨! 먼저 이번 달 월세나 좀 내라.

015위 상대에게 반했을 때

첫눈에 반해 버렸어.

- 나 소피한테 첫눈에 반해 버렸어.
- 그럼 그녀한테 고백할 거야?

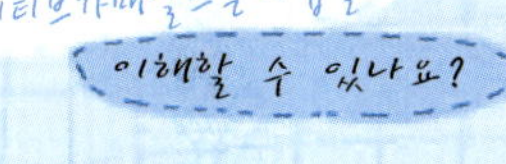
프랑스네이티브가매일쓰는이입말
이해할 수 있나요?

013위 Il est génial !

- Le week-end dernier tu es allé voir <Kungfu Panda> ? C'était comment ?
- Il est génial ! Vraiment je te le conseille.

014위 Arrête de rêver !

- Qu'est-ce que j'aimerais être millionnaire. Je m'achèterais un bateau et je ferais le tour du monde.
- Arrête de rêver ! Pour le moment si tu pouvais payer le loyer ce serait déjà pas mal.

015위 Je suis vraiment dingue de... = J'ai le coup de foudre pour...

- Je suis vraiment dingue de Sophie ; et ça, je l'ai su dès le premier jour.
- Alors ? Tu vas lui déclarer ta flamme ?

016위 이메일 주소를 알고 싶을 때

이메일 주소를 문자로 보내줘.

- 선생님께서 보내주신 자료를 다 받았지? 그럼 그 자료들 좀 보내줄래?
- 그래, 이따가 이메일 주소를 문자로 보내줘, 내가 보내줄게.

017위 핸드폰 소리를 진동으로 바꿔야 할 때

핸드폰 진동으로 바꾸세요.

- 회의에 들어가기 전에 핸드폰 진동으로 바꾸세요.
- 네, 전 벌써 바꿨습니다.

018위 연인 혹은 친구 간에 잠자리 들기 전 통화 마지막 말

내 꿈 꿔.

- 늦었다. 이제 난 자야겠어. 잘 자.
- 나도 잘래. 그럼 좋은 꿈 꿔. 내 꿈 꿔.

해설 : "내 꿈 꿔."란 직접적인 표현보다 "내 생각해"로 말한다.

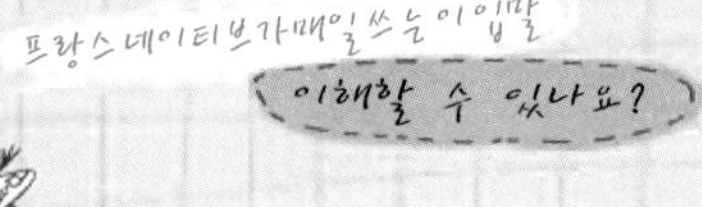
프랑스네이티브가매일쓰는이입말
이해할 수 있나요?

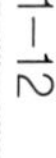

016위 Donne-moi ton adresse e-mail par SMS.

- Je n'ai pas reçu les documents que le professeur nous a envoyés. Tu peux me les passer ?
- Oui, donne-moi ton adresse e-mail par SMS. Je te les envoie.

017위 Mettez votre portable en mode vibreur.

- Avant que nous ne commencions la réunion, mettez votre portable en mode vibreur.
- Oui, c'est déjà fait.

018위 Pense à moi.
= Fais de beaux rêves.

- Il se fait tard. Je n'ai pas envie mais je dois me coucher. Bonne nuit.
- Moi aussi je dois dormir. Fais de beaux rêves. Pense à moi.

019위 친한 친구사이에 상대방의 생각이 이해가 되지 않을 때

너 제정신이니?

- 난 학교를 그만두기로 했어.
- 너 제정신이니? 6개월밖에 안 남았잖아, 그럼 졸업인데.

020위 매우 바빴음을 표현하는 말

눈코 뜰 새 없이 바빴어.

- 오랜만이다, 너 뭐하고 지냈니?
- 지난주에는 일이 너무 많아서 눈코 뜰 새 없이 바빴어.

021위 반복된 일이나 질문으로 인해 기분이 상했을 때

진짜 짜증나!

- 이건 어떻게 발음해야 돼? 〔ɛ〕 야, 〔e〕 야?
- 벌써 열 번도 더 물어봤잖아. 진짜 짜증나!

019위 Ça ne va pas la tête ?

- J'ai décidé d'arrêter les études.
- Ça ne va pas la tête ? Il ne reste plus que six mois et c'est fini.

020위 Je n'ai pas eu un moment de répit.

- Ça fait longtemps, tu étais passé où ?
- La semaine dernière il y avait tellement de travail que je n'ai pas eu un moment de répit.

021위 C'est vraiment agaçant.

- Comment on prononce Ça ? [ɛ] ou [e] ?
- Ça fait déjà la dixième fois que tu me le demandes. C'est vraiment agaçant.

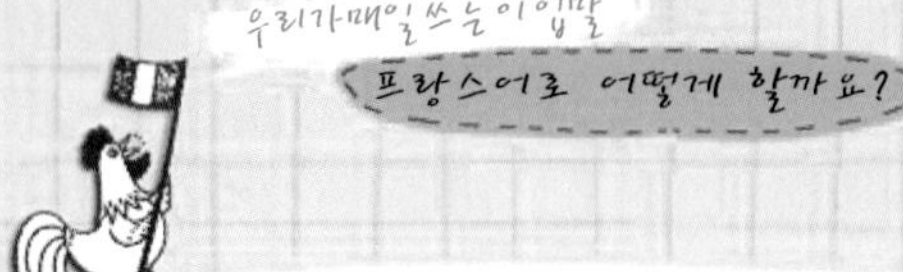
우리가 매일 쓰는 이 입말
프랑스어로 어떻게 할까요?

022위 내 호의에 감사해 하는 사람에게

내게 고마워할 것까지는 없어요.

- 도와주셔서 정말 감사합니다. 제가 성공한 건 당신 덕분이에요.
- 아니에요. 내게 고마워할 것까지는 없어요. 당신 노력의 결실이에요.

023위 여러 일이나 상황으로 인해 심경이 복잡할 때

뭐가 뭔지 하나도 모르겠어!

- 울고 있지만 말고, 도대체 무슨 일이 있었는지 나한테 얘기해줘.
- 나 아무것도 모르겠어, 지금 뭐가 뭔지 하나도 모르겠어!

024위 상대방이 말도 안 된다고 면박 줄 때 사용하는 말

사돈 남 말 하시네.

- 피에르는 자제를 좀 해야 해. 요즘 술을 많이 마시는 것 같아.
- 사돈 남 말 하시네. 넌 매일 친구들 집에 가서 식전주 마시잖아.

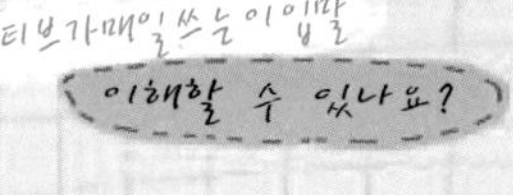
프랑스 네이티브가 매일 쓰는 이 입말
이해할 수 있나요?

022위 Moi, je n'y suis pour rien.

- Je vous remercie vraiment pour votre aide.
  C'est grâce à vous si j'ai réussi.
- Mais non. Moi, je n'y suis pour rien.
  Votre réussite, vous ne la devez qu'à vous.

023위 Je n'en ai pas la moindre idée.

- Arrête de pleurer et dis-moi ce qu'il y a.
- Je n'en sais rien. Vraiment je n'en ai pas la moindre idée.

024위 Tu n'es pas très bien placé pour pouvoir faire ce genre de remarques.

- Pierre devrait faire attention. Je trouve que ces jours-ci il boit beaucoup.
- Entre nous tu n'es pas très bien placé pour pouvoir faire ce genre de remarques. Quand on sait que tu passes tous les soirs chez quelqu'un pour prendre l'apéritif.

25위 - 36위

025위	문자로 알려줄게.
026위	뒷북치지 마.
027위	와우, 몸매 죽이는데!
028위	여기 무선 인터넷 쓸 수 있나요?
029위	깜박 속을 뻔 했네.
030위	너 공주병이구나?
031위	당신 핸드폰 울리네요.
032위	간 떨어질 뻔했잖아!
033위	유행인가 봐.
034위	그거 싸구려야.
035위	괜찮다면 약속을 미룰 수 있을까요?
036위	저 여자 똥배 나왔어.

25위 – 36위

025위	Je te l'envoie par SMS.
026위	Ne remue pas le couteau dans la plaie.
027위	Cette fille, elle est à tomber !
028위	Excusez-moi, est-ce qu'il y a un accès Wifi dans ce café ?
029위	Dire que j'étais à deux doits de me faire avoir.
030위	Tu te prends pour la septième merveille du monde, ou quoi ?
031위	Votre téléphone sonne.
032위	Tu m'as fait une de ces peurs.
033위	Ça doit être à la mode.
034위	C'est de la merde (du toc).
035위	Ça vous ennuierait de le repousser à la semaine prochaine ?
036위	Elle a un sacré bide.

025위 문자로 내용을 알려주고자 할 때

문자로 알려줄게.

- 세바스티앙, 선생님 이메일 주소 알아?
- 응, 내가 문자로 알려줄게.

026위 뒤늦게 수선을 떨 때

뒷북치지 마.

- 네가 열심히 공부했다면, 그 시험 붙었을 텐데.
- 뒷북치지 마, 누가 그걸 몰라?

027위 몸매가 좋은 남성 혹은 여성을 봤을 때

와우, 몸매 죽이는데!

- 와우, 저 여자 몸매 죽이는데!
- 그러게. 정말 완벽하다.

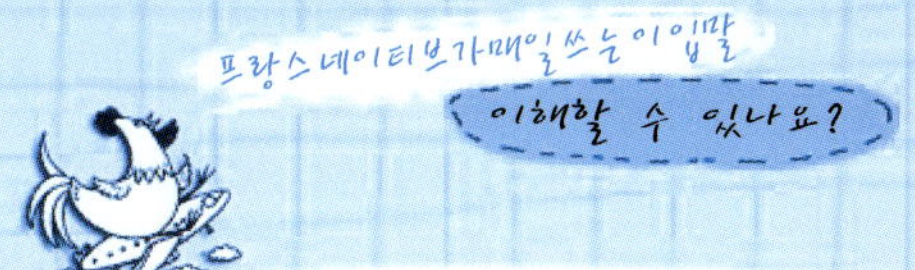
프랑스 네이티브가 매일 쓰는 이 입말
이해할 수 있나요?

025위 Je te l'envoie par SMS.

- Sébastien, est-ce que tu connais l'e-mail du professeur ?
- Oui. Je te l'envoie par SMS.

026위 Ne remue pas le couteau dans la plaie.

- Si tu avais sérieusement étudié, tu aurais été reçu à l'examen.
- Ne remue pas le couteau dans la plaie. Je le sais bien.

027위 Cette fille, elle est à tomber !

- Ah ! Cette fille, elle est à tomber !
- C'est sûr. Elle a tout pour elle.

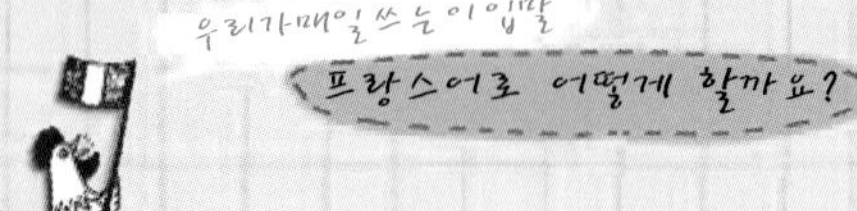
우리가매일쓰는이입말
프랑스어로 어떻게 할까요?

028위 여행 등을 가서 무선인터넷 사용할 곳을 찾을 때

여기 무선 인터넷 쓸 수 있나요?

- 실례하지만 이 커피숍에서 무선 인터넷 쓸 수 있나요?
- 죄송하지만, 무선 인터넷 서비스는 제공되지 않습니다.

029위 상대가 한 말이 속아 넘어갈 만큼 그럴 듯 했을 때

깜박 속을 뻔 했네.

- 너랑 같이 간다는 건 말도 안 돼! 내 참, 깜박 속을 뻔 했네.
- 아니야, 그런 게 아니야. 난 단지 증인이 필요했을 뿐이라고.

030위 여자나 남자가 공주나 왕자처럼 예쁘거나 멋있다고 착각할 때

너 공주병(왕자병)이구나?

- 나 오늘 어쩜 이렇게 예쁘니!
- 너 공주병이구나?

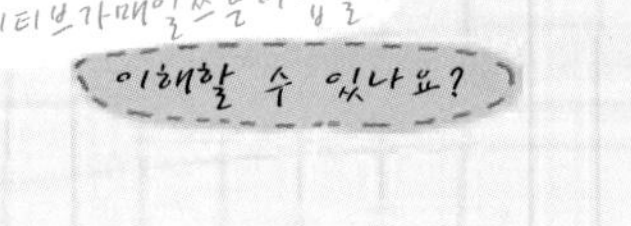

프랑스 네이티브가 매일 쓰는 이 입말
이해할 수 있나요?

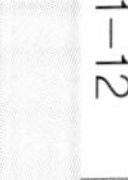

028위 Excusez-moi, est-ce qu'il y a un accès Wifi dans ce café ?

- Excusez-moi, est-ce qu'il y a un accès Wifi dans ce café ?
- Non, je suis désolé, on n'est pas équipé.

029위 Dire que j'étais à deux doigts de me faire avoir.

- C'est hors de question que je t'accompagne. Et dire que j'étais à deux doigts de me faire avoir.
- Mais non, ce n'est pas ce que tu crois. J'avais seulement besoin d'un témoin.

030위 Tu te prends pour la septième merveille du monde, ou quoi ?

- Qu'est-ce que je me sens belle aujourd'hui !
- Tu te prends pour la septième merveille du monde, ou quoi ?

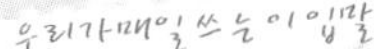

031위 상대방의 전화가 오는 것을 알려줄 때

당신 핸드폰 울리네요.

- 뒤퐁씨, 핸드폰 울리네요.
- 죄송합니다. 급한 전화라서요.

032위 깜짝 놀랐을 때

간 떨어질 뻔했잖아!

- 너 뭐하고 있어? 재밌는 거니?
- 간 떨어질 뻔했잖아! 난 모두들 나가고 아무도 없는 줄 알았어.

033위 일시적으로 널리 퍼져 많은 사람들이 사용하는 분위기 일 때

유행인가 봐.

- 봤어? 거의 모든 프랑스 사람들이 집에 디지털 액자를 가지고 있어.
- 그러게. 유행인가 봐.

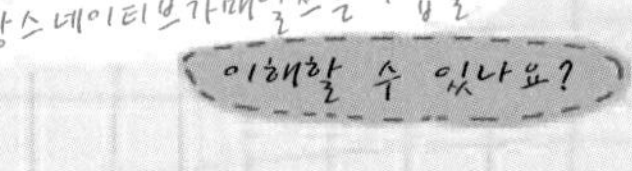
프랑스 네이티브가 매일 쓰는 이 입말
이해할 수 있나요?

031위 Votre téléphone sonne.

- Monsieur Dupont, votre téléphone sonne.
- Excusez-moi, mais c'est un appel très urgent.

032위 Tu m'as fait une de ces peurs.

- Qu'est-ce que tu fais ? C'est intéressant ?
- Oh ! Tu m'as fait une de ces peurs. Je pensais que tout le monde était parti.

033위 Ça doit être à la mode.

- Tu as vu un peu ? Les français ont presque tous un cadre photo numérique chez eux.
- Oui, je sais. Ça doit être à la mode.

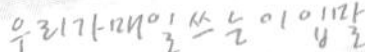

034위 값이 싸거나 질이 낮은 물건을 말할 때

그거 싸구려야.

- 이 신발 좀 봐. 넌 어떻게 생각해?
- 사지 마. 그거 싸구려야.

035위 약속변경을 정중히 요청할 때

괜찮다면 약속을 미룰 수 있을까요?

- 여보세요?
- 안녕하세요. 뒤퐁입니다. 우리 이번 금요일에 만나기로 했는데, 제가 사정이 생겨서요. 괜찮다면 약속을 다음 주로 미룰 수 있을까요?

036위 똥똥하게 나온 배를 보고

저 여자 똥배 나왔어.

- 저 여자 똥배 나왔어. 근데 감히 어떻게 저런 원피스를 입을 수 있지?
- 저 여자 집엔 거울도 없나봐.

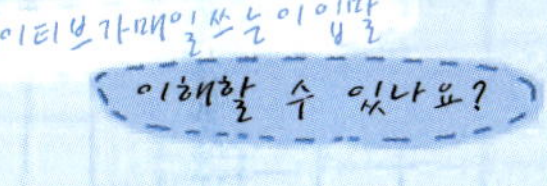
프랑스 네이티브가 매일 쓰는 이 입말
이해할 수 있나요?

034위 C'est de la merde (du toc).

- Regarde ces chaussures. Tu les trouves comment ?
- N'achète pas ça. C'est de la merde (du toc).

035위 Ça vous ennuierait de le repousser à la semaine prochaine ?

- Allô ?
- Bonjour, je suis monsieur Dupont. Nous avions convenu d'un rendez-vous ce vendredi mais j'ai un empêchement. Est-ce que ça vous ennuierait de le repousser à la semaine prochaine ?

036위 Elle a un sacré bide.

- Elle a un sacré bide. Comment elle fait pour oser porter une robe pareille ?
- Encore une qui n'a pas de miroir chez elle.

37위 – 48위

037위 무더워 죽을 지경이야.

038위 완전 바람둥이야.

039위 보지 마, 창피해!

040위 너 몸매 잘 빠졌다.

041위 말씀 많이 들었어요.

042위 말실수였어.

043위 지겨워 죽겠어!

044위 늦잠 잘 거야.

045위 나이는 중요하지 않아.

046위 너만 알고 있어.

047위 꼬박 밤 새웠어.

048위 미안해 할 것까지는 없어요.

037위 On meurt de chaud.

038위 C'est un vrai coureur de jupons.

039위 Ne me regarde pas. J'ai un peu honte quand même.

040위 Tu as la ligne.

041위 J'ai beaucoup entendu parler de vous.

042위 J'ai la langue qui a fourché.

043위 J'en ai marre !

044위 Je vais faire la grasse matinée.

045위 Il n'y a pas d'âge pour ça.

046위 Tu gardes ça pour toi.

047위 J'ai passé la nuit à...

048위 Non, vous n'avez pas à vous excuser.

037위 견디기 힘든 더위에

무더워 죽을 지경이야.

- 요즘 거기 날씨 어때?
- 무더워 죽을 지경이야, 한차례 비가 좀 내려야 할 텐데.

038위 곧 잘 바람을 피우는 사람

완전 바람둥이야.

- 그 사람 정말 괜찮아 보이는데. 넌 그 남자 어떻게 생각해?
- 그래 보이지만 그 남자 완전 바람둥이야.

039위 평소와 다른 행동으로 인해 어색하여 부끄러움을 느낄 때

보지 마, 창피해!

- 와우! 너 비키니 입었네?
- 보지 마, 창피해!

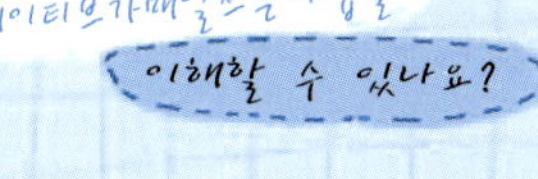
프랑스네이티브가매일쓰는이입말
이해할 수 있나요?

037위 On meurt de chaud.

- Il fait quel temps chez toi ?
- On meurt de chaud. On aurait bien besoin d'un peu de pluie.

038위 C'est un vrai coureur de jupons.

- Il est pas mal, lui. Comment tu le trouves ?
- Il est bien foutu mais c'est un vrai coureur de jupons.

039위 Ne me regarde pas. J'ai un peu honte quand même.

- Tiens, tu as sorti le bikini ?
- Ne me regarde pas. J'ai un peu honte quand même.

040위 훌륭한 몸매를 보고

너 몸매 잘 빠졌다.

- 네가 입은 드레스 정말 예쁘다. 게다가 너 몸매 잘 빠졌다.
- 고마워, 나도 알아. 그런 얘기 자주 들어.

041위 보고 싶었던 사람을 만나 반가움을 표현할 때

말씀 많이 들었어요.

- 만나 뵙게 되어서 반가워요. 말씀 많이 들었어요.
- 그래요? 몇 학년인데요? 공부는 할 만해요?

042위 말을 잘못하여 실수를 저질렀을 때

말실수였어.

- 미안해, 좀 전에 말실수였어.
- 이번엔 참지만, 담엔 절대 그냥 넘어가지 않을 거야!

040위 Tu as la ligne.

- Aujourd'hui tu as une robe magnifique, en plus tu as la ligne.
- Oui je sais, on me le dit souvent.

041위 J'ai beaucoup entendu parler de vous.

- Enchanté de faire votre connaissance. J'ai beaucoup entendu parler de vous.
- Ah bon ? Vous êtes en quelle année ? Les études se passent bien ?

042위 J'ai la langue qui a fourché.

- Excuse-moi pour tout à l'heure. J'ai la langue qui a fourché.
- Va pour cette fois, mais la prochaine ça ne se passera pas si bien.

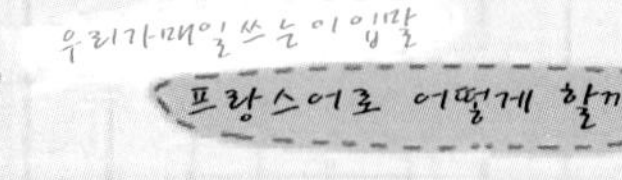

우리가매일쓰는이입말
프랑스어로 어떻게 할까요?

043위 넌더리가 날 정도로 지루하고 싶을 때

지겨워 죽겠어!

- 너 커피숍에서 알바 한다면서? 진짜야?
- 응 맞아. 근데 이 짓이 벌써 지겨워 죽겠어!
  게다가 알바비는 정말 형편없다고.

044위 밀린 잠을 실컷 자고 싶을 때

늦잠 잘 거야.

- 내일은 토요일이니까 늦잠 잘 거야.
- 그럴만해. 일주일의 시험기간이 끝났으니.

045위 무슨 일을 시작함에 있어 나이는 중요하지 않다는 말을 할 때

나이는 중요하지 않아.

- 나 불어 배우기로 결심했어. 근데 나, 시작하기엔 좀 늦지 않았나 싶어.
- 아니야, 배우는데 나이는 중요하지 않아.

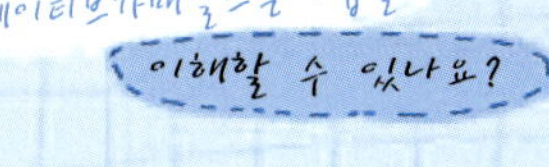
프랑스네이티브가매일쓰는이입말
이해할 수 있나요?

043위 J'en ai marre !

- J'ai cru comprendre que tu avais trouvé un petit travail dans un café. C'est vrai ?
- C'est exact mais j'en ai déjà marre ! En plus le salaire est ridicule.

044위 Je vais faire la grasse matinée.

- Demain on est samedi et je vais faire la grasse matinée.
- Tu as bien raison, après la semaine d'examens qu'on vient d'avoir.

045위 Il n'y a pas d'âge pour ça.

- J'ai décidé d'apprendre le français mais je me demande si je ne suis pas un peu vieille pour ça.
- Mais non, il n'y a pas d'âge pour ça.

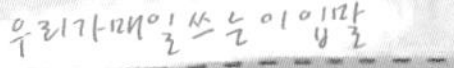

046위 비밀 이야기 할 때 많이 쓰는 말

너만 알고 있어.

- 걔가 열쇠 어디다 숨겼는지 찾았어?
- 응, 근데 너만 알고 있어.

047위 어떤 일 따위로 밤을 샜을 때

꼬박 밤 새웠어.

- 컴퓨터 하느라 어제 꼬박 밤 새웠어. 피곤해 죽겠어.
- 뭐하느라고? 또 게임 한거야?

048위 나에 대해 마음이 편치 못하고 부끄러움을 느끼는 사람에게

미안해 할 것까지는 없어요.

- 미안해요, 그 서류가 당신에게 그렇게 중요한지 몰랐어요.
- 아니에요, 미안해할 것 까지는 없어요. 내가 당신에게 미리 주의를 줬어야 했어요.

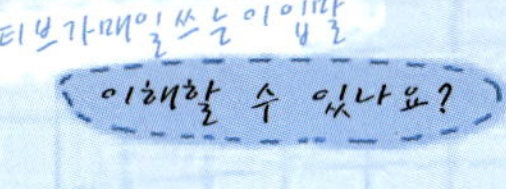
프랑스네이티브가매일쓰는이입말
이해할 수 있나요?

046위 Tu gardes ça pour toi.

- Tu as trouvé où il cache la clé ?
- Oui, mais tu gardes ça pour toi.

047위 J'ai passé la nuit à...

- J'ai passé la nuit à faire de l'ordinateur. Je suis mort de fatigue.
- Mais qu'est-ce que tu as fait ? Tu as encore joué ?

048위 Non, vous n'avez pas à vous excuser.

- Toutes mes excuses. J'ignorais que ce dossier était si important pour vous.
- Non, vous n'avez pas à vous excuser. C'est moi qui aurais dû vous prévenir.

49위 – 60위

049위 요즘 바빠 죽을 지경이야.

050위 그 얘긴 꺼내지도 마!

051위 난 걔한테 홀딱 반했어.

052위 군침이 도는군.

053위 넌 사진보다 실물이 예뻐.

054위 뱃살 좀 빼고 싶어.

055위 옷이 촌스러워.

056위 눈에 콩깍지가 씌었나봐.

057위 걔는 입만 살았어.

058위 눈이 삤나 봐.

059위 너무 야하네.

060위 걘 듣기 좋은 말만 해.

49위 – 60위

049위 En ce moment je déborde de travail.

050위 Je ne veux plus en entendre parler.

051위 J'en pince dur pour elle.

052위 J'en ai l'eau à la bouche.

053위 Tu es bien mieux en vrai.

054위 Je voudrais bien perdre un peu de ventre.

055위 Ils sont ringards ces vêtements.

056위 L'amour rend aveugle.

057위 Entre ce qu'il dit et ce qu'il fait…

058위 Elle est vraiment aveugle.

059위 C'est un peu trop dénudé.

060위 C'est un beau parleur.

049위 너무 바쁜 일상을 표현할 때

요즘 바빠 죽을 지경이야.

- 요즘 잘 지내? 같이 점심 먹은 지도 오래 됐네.
- 그러게. 그런데 요즘 바빠 죽을 지경이야.
  밥 먹으러 나갈 시간도 없거든.

050위 그 문제는 민감하니까 꺼내지도 말라는 뜻으로

그 얘긴 꺼내지도 마!

- 오렐리앙이랑 도대체 무슨 일인데?
- 그 얘긴 꺼내지도 마! 그리고 그 자식 얘기라면 더 이상 듣고 싶지 않아.

051위 어떤 사람이나 사물 따위에 마음이 홀린 것같이 쏠렸을 때

난 걔한테 홀딱 반했어.

- 너 스테파니 어떻게 생각하니?
- 농담이 아니라, 난 걔한테 홀딱 반했어.

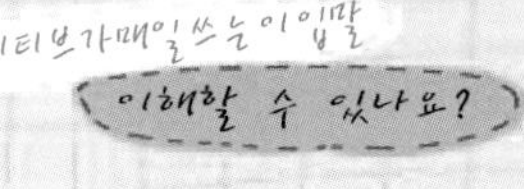
프랑스 네이티브가 매일 쓰는 이 입말
이해할 수 있나요?

049위 En ce moment je déborde de travail.

- Salut. Ça va ? Il y a longtemps que l'on n'a pas déjeuné ensemble.
- Je sais mais en ce moment je déborde de travail.
  Je n'ai même pas le temps de sortir manger.

050위 Je ne veux plus en entendre parler.

- C'est quoi le problème avec Aurélien ?
- Ne m'emmerde pas avec ces histoires !
  Et je ne veux plus entendre parler de ce type !

051위 J'en pince dur pour elle.

- Tu la trouves comment Stéphanie ?
- Sérieux, j'en pince dur pour elle.

052위 식욕이 날 때

군침이 도는군.

- 와, 향이 죽인다. 군침이 도는군.
- 내 솜씨가 보통이 아닌 걸 이제 알았지?

053위 사진이 실물보다 못하게 나왔을 때

넌 사진보다 실물이 예뻐.

- 사진에 있는 여자가 정말 너야? 넌 사진보다 실물이 예뻐.
- 당연히 나지. 그때 난 겨우 고등학교 3학년이었어.

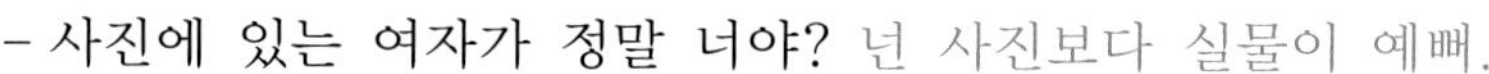

054위 다이어트에 관해 얘기하면서

뱃살 좀 빼고 싶어.

- 뱃살 좀 빼고 싶은데, 어떻게 하면 될까요, 의사선생님?
- 그렇다면 일단 맥주 마시는 것부터 자제해야 될 겁니다.

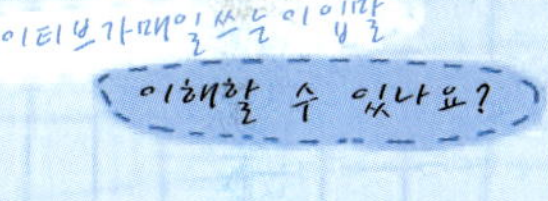
프랑스 네이티브가 매일 쓰는 이 입말
이해할 수 있나요?

052위 J'en ai l'eau à la bouche.

- Quelle délicieuse odeur ! J'en ai l'eau à la bouche.
- Quand je te dis que j'ai du talent. Maintenant tu me crois ?

053위 Tu es bien mieux en vrai.

- Là, sur la photo, c'est vraiment toi ? Tu es bien mieux en vrai.
- Oui, c'est moi. Mais j'étais en terminale à ce moment-là.

054위 Je voudrais bien perdre un peu de ventre.

- Je voudrais bien perdre un peu de ventre.
  Comment je peux faire docteur ?
- Pour ça il faudrait commencer par arrêter la bière.

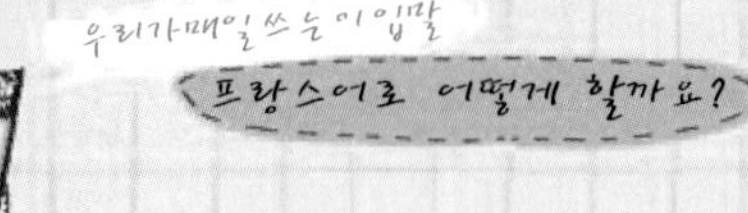
우리가매일쓰는이입말
프랑스어로 어떻게 할까요?

055위 어울린 맛과 세련됨이 없이 어수룩한 데가 있을 때

옷이 촌스러워.

- 여기 옷이 촌스러워. 너한테 전혀 안 어울려. 50대 아줌마 같아.
- 알았어. 다른데 가보자.

056위 앞이 가리어 사물을 정확하게 보지 못함을 비유적으로 이르는 말

눈에 콩깍지가 씌었나봐.

- 어제 알렉상드라가 자기 남친을 소개시켜 줬는데, 좀 아니더라.
- 눈에 콩깍지가 씌었다는 말 너도 잘 알잖아.

057위 행동은 하지 않으면서 말은 청산유수인 사람을 일컬어

걔는 입만 살았어.

- 스테판이 다음 주말에 우리를 자기 집들이에 초대한다는 소리 들었어?
- 별 기대하지 마. 왜냐하면 걔는 입만 살았거든.

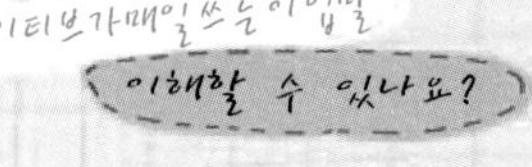
프랑스네이티브가매일쓰는이입말
이해할 수 있나요?

055위 Ils sont ringards ces vêtements.

- Ils sont ringards ces vêtements. Ça ne te va pas du tout, on dirait une quinquagénaire.
- Oui, laisse tomber. On va aller ailleurs.

056위 L'amour rend aveugle.

- Hier Alexandra m'a présenté son copain mais ce n'est vraiment pas ça.
- Tu sais bien que l'amour rend aveugle.

057위 Entre ce qu'il dit et ce qu'il fait…

- Tu es au courant que Stéphane va nous inviter le week-end prochain pour sa pendaison de crémaillère ?
- N'espère pas trop. Parce que lui, entre ce qu'il dit et ce qu'il fait···

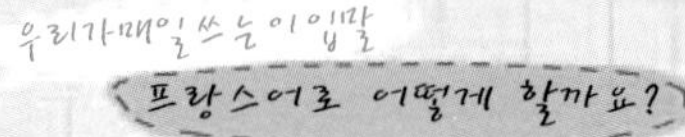
우리가매일쓰는이입말
프랑스어로 어떻게 할까요?

058위 뻔한 것을 잘못 보고 있을 때 비난조로 이르는 말

눈이 뼜나 봐.

- 난 걔가 왜 그런 남자친구를 좋다고 하는지 모르겠어. 학벌도 변변찮은데.
- 그러게. 나도 이해 못하겠어. 눈이 뼜나 봐.

059위 노출이 너무 심한 옷을 이르는 말

너무 야하네.

- 이 원피스 좀 봐. 예쁘지 않니?
- 그렇긴 한데, 너무 야하네. 사람들이 쳐다보는 게 신경 안 쓰여?

060위 말씨나 태도 따위가 지나치게 부드러울 때

걘 듣기 좋은 말만 해.

- 그는 내게 달콤한 말을 참 많이 해줘. 그리고 내가 정말 매력적이래. 특히 웃을 때.
- 걘 듣기 좋은 말만 해. 예쁜 여자들한텐 다 그랬을 걸.

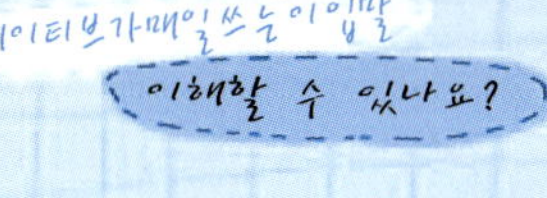
프랑스네이티브가매일쓰는이입말
이해할 수 있나요?

058위 Elle est vraiment aveugle.

- Je ne vois pas ce qu'elle lui trouve de bien. Il n'a même pas de diplômes.
- Moi non plus je ne la comprends pas. Elle est vraiment aveugle.

059위 C'est un peu trop dénudé.

- Regarde cette robe. Elle n'est pas mal non ?
- Certes, mais c'est un peu trop dénudé. Tu n'as pas peur que les gens te dévisagent ?

060위 C'est un beau parleur.

- Il m'a dit plein de mots doux et qu'il me trouvait craquante. Surtout quand je souriais.
- C'est un beau parleur. Je suis sûr qu'il dit la même chose à toutes ses conquêtes.

61위 – 72위

061위 오늘 정말 푹 잤어.

062위 회사에서 메신저를 막아놨어.

063위 괜히 폼 잡지 마.

064위 촌스럽다.

065위 거짓말 같은 거 안 해요.

066위 걔 꿈 좀 깨라고 해.

067위 그녀에게 뽕 갔어.

068위 바가지 썼네.

069위 내숭 떨지 마!

070위 밤새 한잠도 못 잤어.

071위 우린 첫눈에 뽕 갔어.

072위 기분 꿀꿀해.

61위 – 72위

061위	J'ai dormi comme un loir.
062위	Ils ont bloqué l'accès.
063위	Arrête de faire ta star.
064위	Ça fait paysan.
065위	Je ne raconte pas de bobard.
066위	Il faut qu'il arrête de rêver.
067위	J'ai eu un coup de foudre.
068위	Tu t'es bien fait avoir.
069위	N'essaie pas de me tromper.
070위	Je n'ai pas dormi de la nuit.
071위	Ça a été un vrai coup de foudre.
072위	Je suis démoralisé.

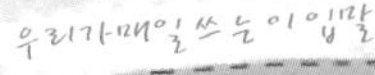

프랑스어로 어떻게 할까요?

061위 달콤한 잠을 잤을 때

오늘 정말 푹 잤어.

- 왜 오늘 낮에 안 왔어? 어제 늦게 들어갔어?
- 나 16시에 일어났어. 정말 푹 잤어.

해설 : loir 는 큰 산쥐로써 잠을 굉장히 많이 잔다고 한다. 그래서 푹 잤다란 말을 이 산쥐에 빗대어 표현한다.

062위 회사에서 메신저를 사용하지 못하도록 차단했을 때

회사에서 메신저를 막아놨어.

- MSN 으로 얘기하는 게 더 편할 것 같은데. 네 주소가 어떻게 되는데?
- 난 사무실에서 메신저를 할 수가 없어. 회사에서 메신저를 막아놨어. 나한테 전화하는 게 더 빠를 거야.

063위 으쓱거리고 뽐내는 티를 낼 때

괜히 폼 잡지 마.

- 괜히 폼 잡지 마. 네가 모델인줄 알아?
- 남의 일에 신경 끄고. 너나 잘해라.

프랑스네이티브가매일쓰는이입말
이해할 수 있나요?

061위 J'ai dormi comme un loir.

- Pourquoi tu n'es pas venu ce midi?
  Tu es rentré tard hier soir?
- Oui, j'ai émergé seulement à 16 heures.
  J'ai dormi comme un loir.

062위 Ils ont bloqué l'accès.

- Ce serait plus facile de communiquer par Messenger.
  C'est quoi ton adresse?
- Je ne peux pas l'utiliser au travail parce qu'ils ont bloqué l'accès.
  Appelle-moi, c'est plus simple.

063위 Arrête de faire ta star.

- Arrête de faire la star. Tu te prends pour un top modèle ou quoi.
- C'est bon tu me lâches. Occupe-toi de tes affaires.

064위 어울린 맛과 세련됨이 없이 어수룩한 데가 있을 때

촌스럽다.

- 봐봐, 이 옷 너무 괜찮지?
- 너 농담하니? 촌스럽다.

065위 진정성을 의심받았을 때

거짓말 같은 거 안 해요.

- 사장님이 그 사람한테 그런 제안을 하셨다는 건 말도 안 되는 소리다.
- 난 거짓말 같은 거 안 하는 거 알잖아.
  못 믿겠으면 걔한테 직접 물어봐.

066위 어떤 사람이 터무니없는 소리만을 할 때

개 꿈 좀 깨라고 해.

- 걔는 이번 시험이 쉬워서 만점 받았을 것 같다고 말하더라.
- 개 꿈 좀 깨라고 해. 만점은커녕 50점만 받아도 운 좋은 거야.

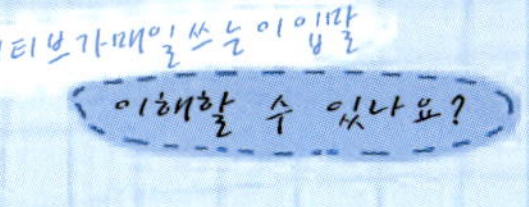
프랑스네이티브가매일쓰는이입말
이해할 수 있나요?

064위 Ça fait paysan.

- Regarde, il est classe ce vêtement.
- Tu rigoles, ça fait paysan.

065위 Je ne raconte pas de bobard.

- Ça me surprendrait que le directeur lui ait fait une telle proposition.
- Tu sais bien que je ne raconte pas de bobard. Si tu ne me crois pas, tu n'as qu'à le lui demander en personne.

066위 Il faut qu'il arrête de rêver.

- Il a dit que l'examen était facile et qu'il pensait avoir tout bon.
- Il faut qu'il arrête de rêver. S'il a la moyenne ce sera déjà pas mal.

067위 어떤 여성에게 반했을 때

그녀에게 뿅 갔어.

- 넌 모를 거다. 나 완전 그녀에게 뿅 갔어. 그 앤 정말 귀여워.
- 잊어버리는 게 좋을 거다. 그 여자애는 전교에서 유명한 퀸카라고.

068위 어떤 물건을 지나치게 비싼 가격에 샀을 때

바가지 썼네.

- 어? 이 가방을 200유로나 주고 샀다고? 바가지 썼네. 난 100유로에 파는 거 봤는데.
- 설마, 분명 같은 브랜드가 아닐 거야.

069위 겉으로는 순해 보이나 속으로는 엉큼할 때

내숭 떨지 마!

- 난 대체 네가 무슨 말을 하고 있는지 아무것도 모르겠어.
- 내숭 떨지 마! 너 분명히 알고 있잖아.

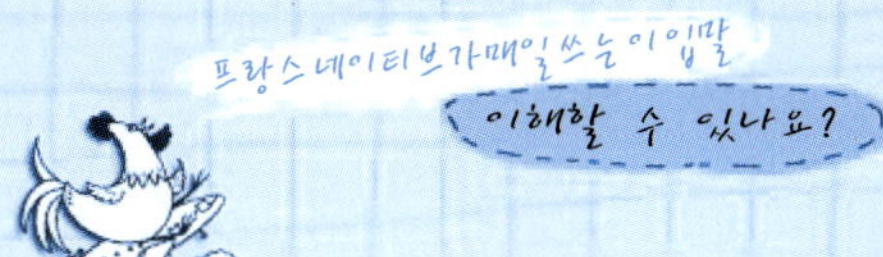
프랑스 네이티브가 매일 쓰는 이 입말
이해할 수 있나요?

067위 J'ai eu un coup de foudre.

- Tu ne sais pas, hier j'ai eu un coup de foudre.
  Elle est super mignonne.
- Oublie-la. C'est la coqueluche de tout le lycée.

068위 Tu t'es bien fait avoir.

- Hein ? Tu as acheté ce sac 200 euros ! Tu t'es bien fait avoir.
  J'ai vu le même à 100 euros.
- Non, tu te trompes. Ce n'est pas possible que ce soit la même marque.

069위 N'essaie pas de me tromper.

- Je ne sais vraiment pas de quoi tu parles.
- N'essaie pas de me tromper.
  Il est plus qu'évident que tu es au courant.

070위 어떤 일 따위로 인해 밤을 새웠을 때

밤새 한잠도 못 잤어.

- 나 죽을 것 같아. 밤새 한잠도 못 잤어.
- 네 눈 봤어? 그래서 오늘 수업 갈 수 있겠어?

071위 처음 보고 눈에 뜨이는 느낌이나 인상이 강렬했을 때

우린 첫눈에 뿅 갔어.

- 처음부터 네 남편과 너는 첫 눈에 반했다며?
- 맞아! 우린 첫눈에 뿅 갔어. 우린 첫눈에 서로를 알아봤거든.

072위 기분이 몹시 우울할 때

기분 꿀꿀해

- 무슨 일이야? 어디 안 좋아?
- 시험에 떨어졌어, 기분이 꿀꿀해.

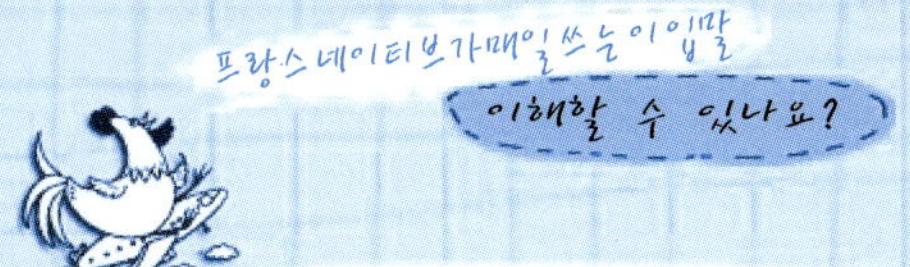
프랑스 네이티브가 매일 쓰는 이 입말
이해할 수 있나요?

070위 Je n'ai pas dormi de la nuit.

- Je suis mort. Je n'ai pas dormi de la nuit.
- Tu as vu tes yeux ? Tu es sûr que tu vas pouvoir aller en cours ?

071위 Ça a été un vrai coup de foudre.

- Au départ, ton mari et toi, vous étiez amoureux ?
- Bien sûr. Nous ça a été un vrai coup de foudre.
  On a su qu'on était fait l'un pour l'autre dès le premier regard.

072위 Je suis démoralisé.

- Qu'est-ce qu'il y a ? Ça ne va pas ?
- Oui, j'ai complètement raté mon examen.
  Je suis démoralisé.

73위 – 84위

073위 너나 잘하세요!

074위 잔소리 좀 그만해!

075위 여기서 드실 건가요? 아니면 포장인가요?

076위 더 이상 못 참겠어!

077위 시간 가는 줄 몰랐네.

078위 그건 식은 죽 먹기야.

079위 나한테 화풀이하지 마.

080위 돈 한 푼도 없어.

081위 세상에 공짜는 없어.

082위 어제 필름이 끊겼어.

083위 너 삐쳤니?

084위 그는 앞뒤가 꽉 막혔어.

73위 - 84위

073위 Vous voulez bien vous occuper de vos affaires.

074위 Arrête un peu avec tes remontrances.

075위 C’est sur place ou à emporter ?

076위 Je ne peux plus le supporter.

077위 Je n’ai pas vu le temps passer.

078위 C’est trois fois rien.

079위 Ce n’est pas une raison pour passer ta colère sur moi !

080위 Je n’ai plus un sous.

081위 Il n’y a rien de gratuit dans ce monde.

082위 J’ai eu un trou noir.

083위 Tu es fâché ?

084위 Il est vraiment bouché.

073위 남이 쓸데없이 나의 일에 간섭할 때

너나 잘하세요!

- 그렇게 하는 건 좋은 방법이 아니야. 그러면 나중에 문제가 더 생길거야.
- 너나 잘하세요! 남의 일에 간섭하는 게 취미예요?

074위 필요 이상으로 듣기 싫게 꾸짖거나 참견하여 지겨울 때

잔소리 좀 그만해!

- 잔소리 좀 그만해!
- 다 널 위해 그러는 거다. 나중에 후회해봤자 소용없다고.

075위 식당에서 주문한 음식의 포장 여부를 물을 때

여기서 드실 건가요? 아니면 포장인가요?

- 여기서 드실 건가요? 아니면 포장인가요?
- 포장해 주세요.

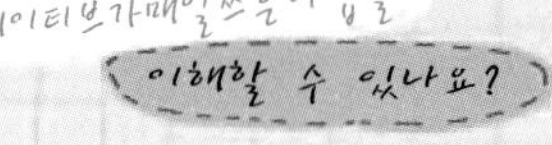
프랑스 네이티브가 매일 쓰는 이 입말
이해할 수 있나요?

073위 Vous voulez bien vous occuper de vos affaires.

- Ce n'est pas la bonne façon de faire. Là, vous aurez plus de problèmes qu'autre chose.
- Vous voulez bien vous occuper de vos affaires. Ça vous amuse de mettre votre nez partout ?

074위 Arrête un peu avec tes remontrances.

- Arrête un peu avec tes remontrances.
- Si je dis ça c'est pour ton bien. Ce serait bête que tu regrettes plus tard.

075위 C'est sur place ou à emporter?

- C'est sur place ou à emporter?
- A emporter s'il vous plaît.

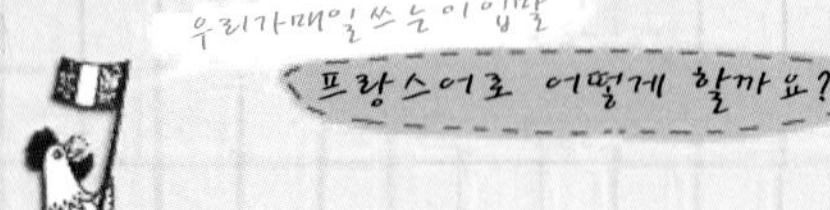
우리가 매일 쓰는 이 입말
프랑스어로 어떻게 할까요?

076위 충동이나 감정 따위를 억누를 수 없을 때

더 이상 못 참겠어!

- 있잖아, 피에르 때문에 문제가 좀 생겼어.
  어제 저녁에 또 회계실수를 했거든.
- 아 정말 더 이상 못 참겠어! 해고시킬 구실을 찾던지 해야지 원.

077위 어떤 일에 집중해서 시간이 흐름을 몰랐을 때

시간 가는 줄 몰랐네.

- 벌써 19시야. 아직 여기서 뭐해? 퇴근 안 해?
- 벌써? 너무 일에 집중 하느라, 시간 가는 줄 몰랐네.

078위 아주 쉬운 일을 가리켜

그건 식은 죽 먹기야.

- 탁자 옮기는 것 좀 도와줄래?
- 그냥 둬, 내가 할게. 그건 식은 죽 먹기야.

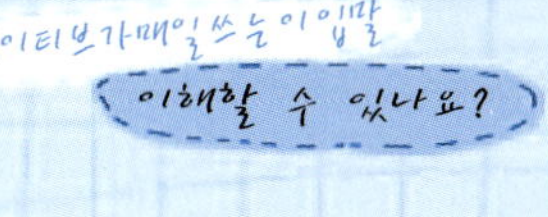
프랑스 네이티브가 매일 쓰는 이 입말
이해할 수 있나요?

076위 Je ne peux plus le supporter.

- Ecoute, il y a encore un problème avec Pierre. Il s'est encore trompé dans les comptes hier soir.
- Non ! Vraiment je ne peux plus le supporter. Il faut trouver un moyen pour qu'il démissionne.

077위 Je n'ai pas vu le temps passer.

- Il est 19 heures, qu'est-ce que tu fais encore là? Tu ne débauches pas?
- Déjà ? J'étais tellement dans mon travail que je n'ai pas vu le temps passer.

078위 C'est trois fois rien.

- Tu peux me donner un coup de main pour déplacer la table ?
- Laisse, je vais le faire. C'est trois fois rien.

079위 상대방이 화난 감정을 나한테 풀 때

나한테 화풀이하지 마.

- 너도 정말 어리석다!
- 네가 기분이 안 좋다고, 나한테 화풀이하지 마.

080위 수중에 돈이 없을 때

돈 한 푼도 없어.

- 파산하고 나서, 너 너무 힘들어 보인다.
- 응, 난 돈 한 푼도 없어, 매일 먹고 살기도 힘들 정도야.

081위 힘이나 돈을 들이지 않고 거저 얻은 것은 없음을 인지시킬 때

세상에 공짜는 없어.

- 정말 재수 없어, 자동차 수리하는데 300유로 이상 들었어.
- 세상에 공짜는 없어. 근데 꽤 비싸긴 하네.

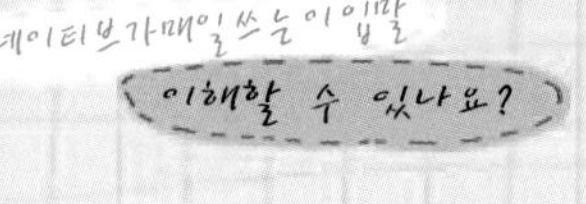
프랑스 네이티브가 매일 쓰는 이 입말
이해할 수 있나요?

079위 Ce n'est pas une raison pour passer ta colère sur moi !

- Toi aussi tu es vraiment stupide!
- Tu n'es pas de bonne humeur mais ce n'est pas une raison pour passer ta colère sur moi!

080위 Je n'ai plus un sous.

- Ça a vraiment l'air difficile pour toi depuis que tu as mis la clé sous la porte.
- Oui, je n'ai plus un sous.
  C'est même difficile de manger tous les jours.

081위 Il n'y a rien de gratuit dans ce monde.

- Je n'ai vraiment pas de chance. J'ai encore déboursé plus de 300 euros pour faire réparer ma voiture.
- Il n'y a rien de gratuit dans ce monde.
  Mais c'est vrai que ça coûte cher.

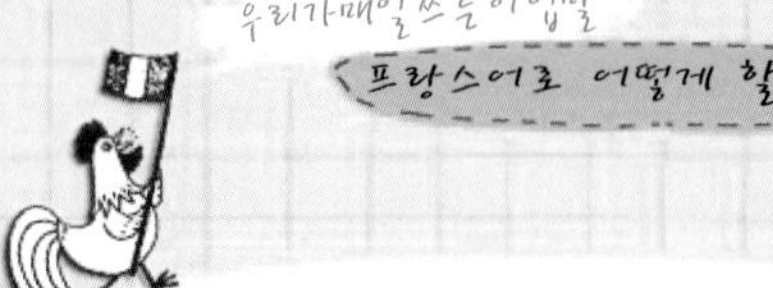
우리가 매일 쓰는 이 입말
프랑스어로 어떻게 할까요?

082위 술을 너무 많이 마셔서 기억이 나지 않을 때

어제 필름이 끊겼어.

- 어제 저녁에 뭐했어? 전화 했었는데 안 받더라.
- 술을 너무 마셔서 나 어제 필름이 끊겼어.
  집에 어떻게 들어왔는지도 모르겠어.

083위 상대방이 성이 나서 토라져 있음을 물을 때

너 삐쳤니?

- 너 삐쳤니? 용서해 줘. 난 일부러 그렇게 말한 게 아니야.
- 너 다음에도 또 그러면 용서 안할 거야.

084위 생각이나 행동 따위가 융통성이 없어 답답함을 느낄 때

그는 앞뒤가 꽉 막혔어.

- 그는 앞뒤가 꽉 막혔어. 그를 설득하겠단 생각은 포기해.
- 응, 나도 그의 생각을 바꿔보려 애썼지만 역시 실패했어.

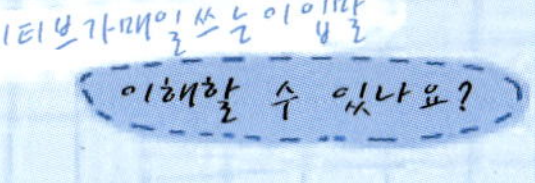

프랑스네이티브가매일쓰는이입말
이해할 수 있나요?

082위 J'ai eu un trou noir.

- Qu'est-ce que tu as fait hier soir ? J'ai essayé de t'appeler mais tu ne répondais pas.
- J'ai trop bu et j'ai eu un trou noir. Je ne me souviens même pas comment je suis rentré à la maison.

083위 Tu es fâché?

- Tu es fâché ? Pardonne-moi, ce n'est pas ce que je voulais dire.
- La prochaine fois que tu dis une chose pareille je ne suis pas sûr de t'excuser.

084위 Il est vraiment bouché.

- Il est vraiment bouché. J'en ai abandonné l'idée de le convaincre.
- Moi aussi j'ai essayé de le faire changer d'avis mais je n'ai pas réussi.

85위 – 96위

085위 왜 만날 그 모양이니?

086위 나한테 소개해줄 만한 좋은 사람 없어?

087위 카드로 하시겠습니까, 현금으로 하시겠습니까?

088위 신용카드로 할게요.

089위 입에 침이나 바르고 거짓말해라.

090위 생각이 날 듯 말 듯 해.

091위 넌 정말 까다로워.

092위 이 집에서 잘하는 게 뭐죠?

093위 스트레스 어떻게 푸세요?

094위 개 양다리 걸쳤어.

095위 분위기 깨지 마!

096위 분담해서 내자.

85위 – 96위

061–72 | 73–84 | 85–96 | 97–108 | 109–120

085위 Avec vous, c'est toujours la même histoire.

086위 Il n'y aurait pas quelqu'un de bien que tu pourrais me présenter ?

087위 Vous réglez par carte ou en espèces ?

088위 Je paie par carte.

089위 Avant d'essayer de tromper quelqu'un tu devrais apprendre à mentir.

090위 Je n'arrive pas à m'en souvenir, pourtant je l'ai sur le bout de la langue.

091위 Tu es vraiment difficile à table.

092위 Quelle est votre meilleure spécialité ?

093위 Vous faites quoi pour déstresser ?

094위 Elle joue double jeu.

095위 Tu ne vas pas casser l'ambiance maintenant !

096위 On fait moitié-moitié.

085위 어떠한 형편이나 꼴이 마음에 들지 않을 때

왜 만날 그 모양이니?

- 난 또 장하고 싸웠어, 걔가 헤어지자고 했거든.
- 왜 만날 그 모양이니? 모두를 위해서 너희들 문제는 너희들이 좀 알아서 해결할 수 없니?

086위 괜찮은 사람을 소개 받고자 원할 때

나한테 소개해줄 만한 좋은 사람 없어?

- 네 주위에 나한테 소개해줄 만한 좋은 사람 없어?
- 알아볼게. 어떤 스타일 원해?

087위 결재 수단에 대해 물을 때

카드로 하시겠습니까, 현금으로 하시겠습니까?

- 카드로 하시겠습니까, 현금으로 하시겠습니까?
- 현금으로 하겠습니다.

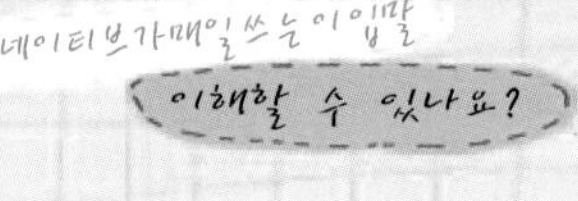
프랑스네이티브가매일쓰는이입말
이해할 수 있나요?

085위 Avec vous, c'est toujours la même histoire.

- Je me suis encore pris la tête avec Jean. Il m'a menacée de me quitter !
- Avec vous c'est toujours la même histoire. Vous ne pouvez pas régler vos problèmes une bonne fois pour toutes !

086위 Il n'y aurait pas quelqu'un de bien que tu pourrais me présenter ?

- Dans ton entourage il n'y aurait pas quelqu'un de bien que tu pourrais me présenter ?
- Ça peut s'arranger. C'est quoi ton genre ?

087위 Vous réglez par carte ou en espèces ?

- Vous réglez par carte ou en espèces ?
- Je règle en espèces, s'il vous plaît.

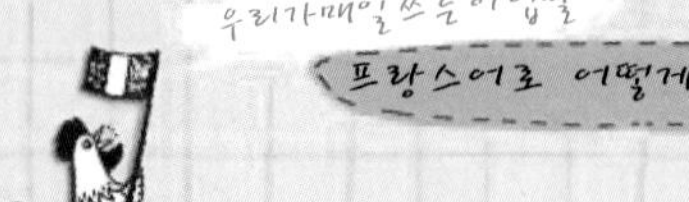
우리가 매일 쓰는 이 입말
프랑스어로 어떻게 할까요?

088위 신용카드로 지불하고자 할 때

신용카드로 할게요.

- 손님, 현금으로 하시겠습니까? 신용카드로 하시겠습니까?
- 신용카드로 할게요.

089위 사실이 아닌 것을 사실처럼 꾸며내어 말함을 질책할 때

입에 침이나 바르고 거짓말해라.

- 입에 침이나 바르고 거짓말해라.
- 이번엔 진짜라고! 너무하는 군!

090위 말하고자 하는 대상의 단어 명칭 등 적절한 표현이 생각이 날 듯 말 듯 할 때

생각이 날 듯 말 듯 해.

- 에릭의 고향이 어디라고 했는지 기억나?
- 아, 이런. 갑자기 생각이 안 나네. 생각이 날 듯 말 듯해.

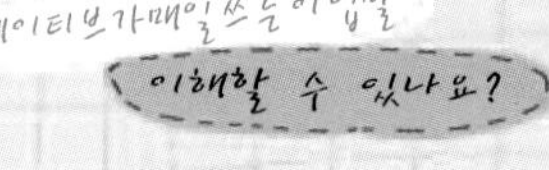
프랑스네이티브가매일쓰는이입말
이해할 수 있나요?

088위 Je paie par carte.

- S'il vous plaît ? Vous payez en espèces ou par carte bancaire ?
- Je paie par carte.

089위 Avant d'essayer de tromper quelqu'un tu devrais apprendre à mentir.

- Avant d'essayer de tromper quelqu'un tu devrais apprendre à mentir.
- Pour une fois que je dis la vérité ! C'est le comble !

090위 Je n'arrive pas à m'en souvenir, pourtant je l'ai sur le bout de la langue.

- Tu te souviens d'où Eric a dit qu'il venait ?
- C'est dingue. Je n'arrive pas à m'en souvenir, pourtant je l'ai sur le bout de la langue.

091위 식성이나 취향 등을 맞추기 어려울 때

넌 정말 까다로워.

- 난 야채가 너무 싫어, 쇠고기만 먹어.
- 넌 정말 **입맛이** 까다로워.

092위 식당에서 잘하는 요리를 물을 때

이 집에서 잘하는 게 뭐죠?

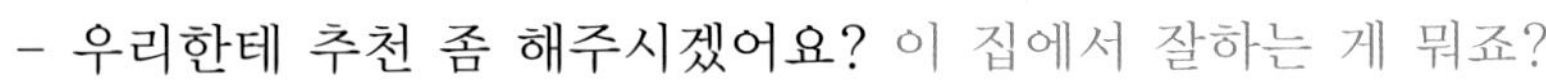

- 우리한테 추천 좀 해주시겠어요? 이 집에서 잘하는 게 뭐죠?

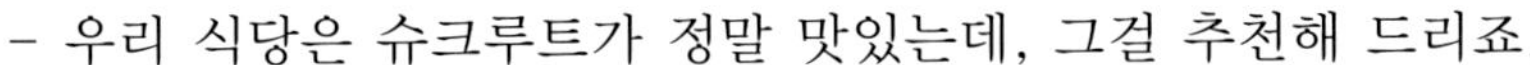

- 우리 식당은 슈크루트가 정말 맛있는데, 그걸 추천해 드리죠.

093위 스트레스 해소법을 물을 때

스트레스 어떻게 푸세요?

- 스트레스 어떻게 푸세요? **좋은 방법은 있으세요?**
- 별거 없어요, 아침마다 조깅을 좀 하는데, 저랑 같이 하실래요?

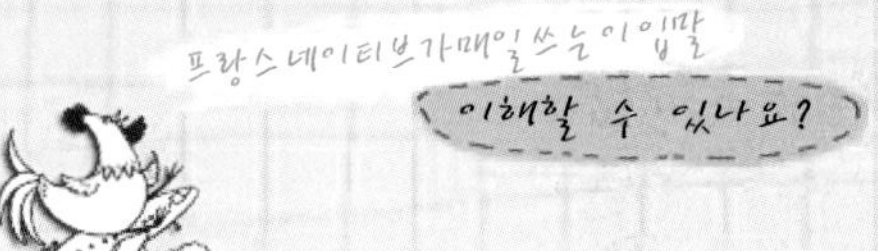
프랑스 네이티브가 매일 쓰는 이 입말
이해할 수 있나요?

091위 Tu es vraiment difficile à table.

- J'ai horreur des légumes ! Je ne mange que du boeuf.
- Tu es vraiment difficile à table.

092위 Quelle est votre meilleure spécialité ?

- Vous pouvez nous conseiller ? Quelle est votre meilleure spécialité ?
- La spécialité de notre établissement c'est la choucroute. Je vous la recommande.

093위 Vous faites quoi pour déstresser ?

- Vous faites quoi pour déstresser ? Vous avez un truc ?
- Rien de spécial, juste un petit footing tous les matins. Ça vous dirait de vous joindre à moi ?

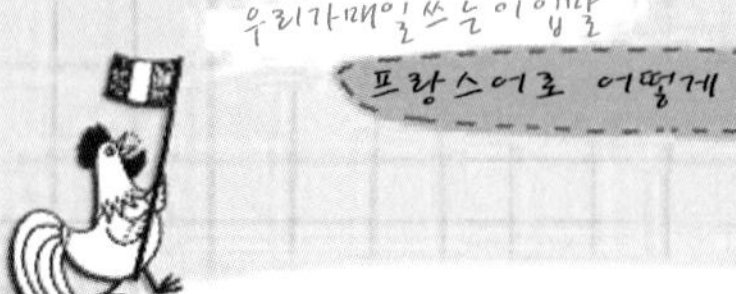
우리가매일쓰는이입말
프랑스어로 어떻게 할까요?

094위 양쪽에서 이익을 보려고 두 편에 다 관계를 가짐을 알았을 때

걔 양다리 걸쳤어.

- 소피가 두 남자랑 사귀고 있는 거 알아?
- 걔 양다리 걸쳤구나. 아마 오래 가지 못하고, 탄로 날 거야.

095위 기분 좋은 분위기를 놓치기 싫을 때

분위기 깨지 마!

- 벌써 자정이잖아! 나 이제 가야 돼.
- 분위기 깨지 마! 한 두 시간은 더 있을 수 있잖아.

096위 식비 따위를 갹출해서 내고자 원할 때

분담해서 내자.

- 오늘 내가 낼게.
- 그러기엔 너무 비싼 것 같은데. 분담해서 내자.

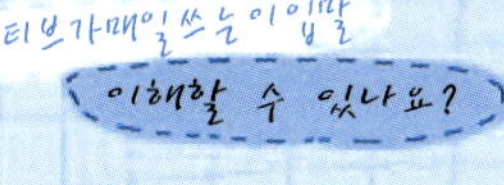
프랑스 네이티브가 매일 쓰는 이 입말
이해할 수 있나요?

094위 Elle joue double jeu.

- Tu savais que Sophie a deux amants ?
- Elle joue double jeu. Mais ça ne durera pas longtemps. Ça finira par la rattraper.

095위 Tu ne vas pas casser l'ambiance maintenant !

- Il est déjà minuit! Il faut que j'y aille.
- Tu ne vas pas casser l'ambiance maintenant ! Tu as bien une heure ou deux devant toi.

096위 On fait moitié-moitié.

- Ce soir c'est moi qui régale !
- Non, c'est trop salé. On fait moitié-moitié.

97위 – 108위

097위 그냥 둘러보는 거예요.

098위 사거리 다음에서 세워주세요.

099위 너무 바빠서 정신이 하나도 없어.

100위 신세를 졌네요.

101위 깜빡 잊었어.

102위 이거 돈 모아서 산거야.

103위 피부가 장난이 아닌데!

104위 괜한 걱정했네요.

105위 바겐세일을 하고 있어요.

106위 지금 전화 받기 곤란해.

107위 여기 그런 분 안 계신데요.

108위 난 음치야.

097위	Je ne fais que regarder (flâner).
098위	Arrêtez-vous après le carrefour, s'il vous plaît.
099위	J'ai tellement de choses à faire que je ne sais plus où donner de la tête.
100위	C'est une grande faveur que vous m'avez faite.
101위	J'ai complètement oublié.
102위	J'ai dû pas mal économiser pour me l'acheter.
103위	Tu as une mine resplendissante.
104위	Je me suis inquiété pour rien.
105위	Ils font des réclames sur l'ensemble du magasin.
106위	Je ne peux pas te parler maintenant.
107위	Il n'y a pas de Jean-Claude ici.
108위	Je chante comme une vraie casserole.

097위 별다른 목적 없이 구경할 때

그냥 둘러보는 거예요.

- 손님, 이 바지 정말 잘 어울리실 것 같은데, 한번 입어보세요.
- 아니에요, 전 그냥 둘러보는 거예요.

098위 택시를 타고 내리면서 목적지에서 내려달라고 말할 때

사거리 다음에서 세워주세요.

- 저 사거리 다음에서 세워주세요. 얼마에요 ?
- 15유로 입니다.

099위 정신없이 바쁠 때

너무 바빠서 정신이 하나도 없어.

- 왜 그렇게 허둥지둥하니?
- 너무 바빠서 정신이 하나도 없어.

프랑스네이티브가매일쓰는이입말

이해할 수 있나요?

097위 Je ne fais que regarder (flâner).

- Je suis sûr que ce pantalon vous irait très bien. Essayez-le.
- Non, je ne fais que regarder (flâner).

098위 Arrêtez-vous après le carrefour, s'il vous plaît.

- Arrêtez-vous après le carrefour, s'il vous plaît. Je vous dois combien ?
- Ça fera 15 euros.

099위 J'ai tellement de choses à faire que je ne sais plus où donner de la tête.

- Qu'est-ce qui te prends à courir dans tous les sens comme ça ?
- J'ai tellement de choses à faire que je ne sais plus où donner de la tête.

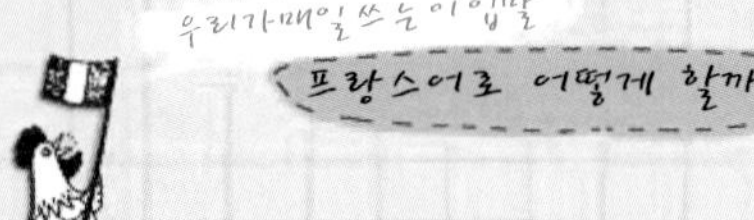
우리가매일쓰는이입말
프랑스어로 어떻게 할까요?

100위 다른 사람에게 도움을 받거나 폐를 끼쳤을 때

신세를 졌네요.

- 이번에는 정말 큰 도움이 됐네요, 신세를 졌네요.
- 우리 사이에 섭섭하게 별말씀을요.
  당신도 내가 그런 처지였다면 도와주셨을 거예요.

101위 기억해 두어야 할 것을 한 순간 미처 생각하여 내지 못했을 때

깜빡 잊었어.

- 벌써 들어왔어? 약국엔 들렀어?
- 아 이런, 깜빡 잊었어.

102위 돈이나 재물을 쓰지 않고 모아서 어떤 물건을 샀을 때

이거 돈 모아서 산거야.

- 이거 새로 산 차야? 너무 예쁘다!
- 이거 중고차긴 해도 돈 좀 모아서 산거야.

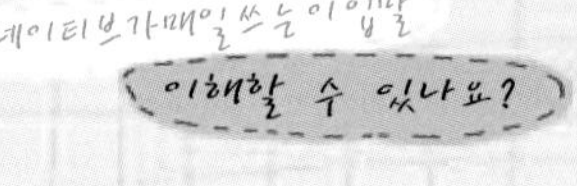
프랑스네이티브가매일쓰는이입말
이해할 수 있나요?

100위 C'est une grande faveur que vous m'avez faite.

- Votre intervention m'a été d'une grande aide.
  C'est une grande faveur que vous m'avez faite.
- C'est tout à fait normal entre nous. Je suis sûr que vous en auriez fait autant si je vous l'avais demandé.

101위 J'ai complètement oublié.

- Tu es déjà de retour ? Tu es passé à la pharmacie ?
- Ah zut! J'ai complètement oublié.

102위 J'ai dû pas mal économiser pour me l'acheter.

- C'est ta nouvelle voiture ? Elle est géniale !
- Elle est d'occasion mais j'ai dû pas mal économiser pour me l'acheter.

103위 피부가 굉장히 좋다는 표현을 할 때

피부가 장난이 아닌데!

- 너 피부가 장난이 아닌데! 무슨 비결이라도 있어?
- 먹는 것에 신경 좀 썼어.

104위 어떤 일에 대한 자신의 걱정이 기우였음을 알았을 때

괜한 걱정했네요.

- 이번 일을 당신이 그렇게 훌륭하게 해냈는데 제가 괜한 걱정했네요.
- 사실 저도 실패 할까봐 걱정했어요. 그래서 정말 최선을 다했어요.

105위 일정 기간 내에 물건 따위를 일정 금액 할인해서 판매할 때

바겐세일을 하고 있어요.

- 오늘 크리스마스이브라서 이 가게에서 다 바겐세일을 하고 있어. 우리 가서 뭘 좀 더 사야하지 않을까?
- 근데 우리 주중엔 집에 없을 거잖아. 그러니까 더 살 필요 없어.

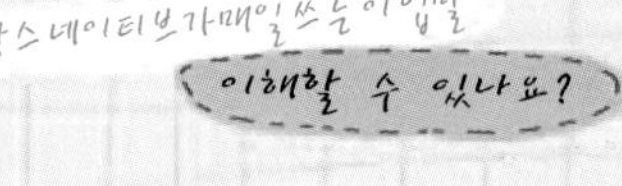
프랑스네이티브가매일쓰는이입말
이해할 수 있나요?

103위 Tu as une mine resplendissante.

- Tu as une mine resplendissante. Tu fais quoi pour avoir une peau aussi superbe?
- Je fais attention à ce que je mange.

104위 Je me suis inquiété pour rien. = Je me suis fait du mauvais sang pour rien.

- Vous avez fait du très bon travail. Je me suis inquiété pour rien.
- A vrai dire, moi aussi j'avais peur d'échouer. Alors j'ai vraiment donné le maximum.

105위 Ils font des réclames sur l'ensemble du magasin.

- Aujourd'hui c'est le 24 (la veille de Noël), ils font des réclames sur l'ensemble du magasin. On devrait en profiter, non ?
- Oui mais tu sais bien qu'on n'est pas là de la semaine. On n'en a pas besoin.

106위 전화 받기 곤란한 상황에서

지금 전화 받기 곤란해.

- 나 지금 운전 중이야, 전화 받기 곤란해.
- 그럼 가능할 때 전화해줘. 급한 일이거든.

107위 엉뚱한 사람을 찾는 전화를 받았을 때

여기 그런 분 안 계신데요.

- 여보세요. 장끌로드 씨 바꿔주시겠어요?
- 죄송하지만, 여기 그런 분 안 계신데요. 착각하신 것 같네요.

108위 소리에 대한 음악적 감각이나 지각이 매우 무디어 음을 바르게 인식하거나 발성하지 못하는 사람

난 음치야.

- 내일 저녁에 우리 노래방에 갈까?
- 안 가, 난 음치야.

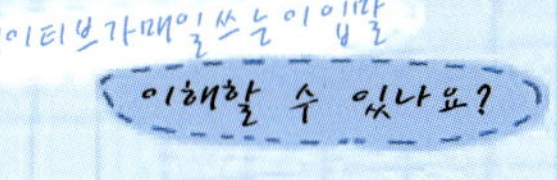
프랑스네이티브가매일쓰는이입말
이해할 수 있나요?

106위 Je ne peux pas te parler maintenant.

- Excuse-moi mais je suis en train de conduire ; je ne peux pas te parler maintenant.
- Alors rappelle-moi dès que possible. C'est urgent.

107위 Il n'y a pas de Jean-Claude ici.

- Allô ? Vous pouvez me passer Jean-Claude, s'il vous plaît ?
- Désolé mais il n'y a pas de Jean-Claude ici.
  Vous avez dû faire une erreur.

108위 Je chante comme une vraie casserole.

- Demain soir ça te dit d'aller au karaoké ?
- Sans façon, je chante comme une vraie casserole.

109위 - 120위

109위 밥 맛 떨어진다.

110위 내게 그런 핑계대지 마.

111위 너무 기뻐 죽겠어요.

112위 대단해!

113위 말해봤자 소용없어, 시간낭비야!

114위 운이 좋군!

115위 싼 게 비지떡

116위 옷이 날개다.

117위 그 남자한테 홀딱 반했어.

118위 일부러 관심 없는 척 튕겨보는 거겠지.

119위 아직 이상형을 찾는 중이야.

120위 맛이 아주 좋아.

109위	Ça coupe vraiment l'appétit.
110위	Arrête de te chercher des excuses.
111위	Je suis heureux à en mourir.
112위	Il sort vraiment du lot.
113위	J'ai essayé de lui expliquer mais ça sert à rien. C'est une perte de temps avec lui.
114위	Tu as vraiment une veine pas possible.
115위	À ce prix-là il n'y a rien d'étonnant.
116위	Comme quoi l'habit fait le moine.
117위	Il m'a tapé dans l'œil.
118위	Tu n'as pas encore compris qu'elle feinte.
119위	Toujours à la recherche du prince charmant.
120위	C'est tout un savant mélange.

109위 마음에 들지 않는 어떤 대상으로 인해 식욕이 떨어질 때

밥 맛 떨어진다.

- 이게 무슨 냄새야! 심한 악취가 나는군!
- 그러게 정말로 밥 맛 떨어진다. 테이블(자리) 바꾸자.

110위 잘못한 일에 대하여 이리저리 돌려 말하는 구차한 변명을 할 때

내게 그런 핑계대지 마.

- 내가 네 전화를 잃어버린 건 사실이지만, 거긴 사람들이 정말 많았다고.
- 내게 그런 핑계대지 마. 용서할 수 없어.

111위 어떠한 일로 인해 매우 기쁠 때

너무 기뻐 죽겠어요.

- 이번 시험에서 1등 하니까 어때?
- 믿기지가 않아요, 너무 기뻐 죽겠어요.

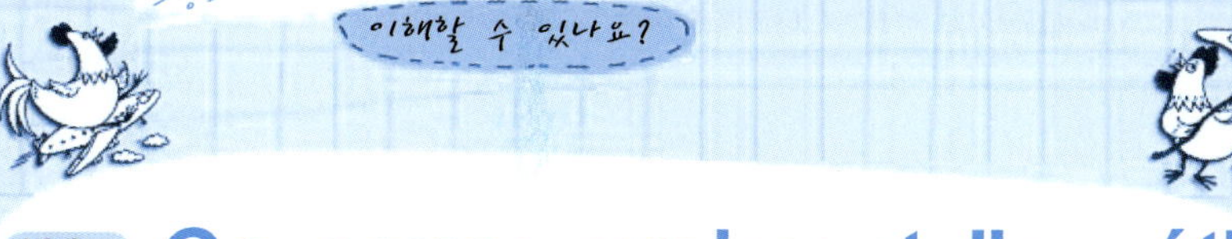
프랑스 네이티브가 매일 쓰는 이 입말
이해할 수 있나요?

109위 Ça coupe vraiment l'appétit.

- Quelle puanteur! C'est une vraie infection !
- Oui, Ça coupe vraiment l'appétit.
  Changeons de table.

110위 Arrête de te chercher des excuses.

- C'est vrai que j'ai perdu ton téléphone mais si tu savais la foule qu'il y avait...
- Arrête de te chercher des excuses.
  Tu es impardonnable sur ce coup là.

111위 Je suis heureux à en mourir.

- Alors ? Ça te fait quoi d'être major de promo ?
- Je n'arrive pas à y croire. Je suis heureux à en mourir.

112위 출중하게 뛰어난 사람 또는 사물에 대해

대단해!

- 올해에도 그는 프랑스 일주여행권에 당첨됐대. 정말 대단해!
- 벌써 연속 일곱 번째야. 그 사람 대단해!

113위 아무런 쓸모나 득이 될 것이 없을 때

말해봤자 소용없어, 시간낭비야!

- 걔가 또 네 허락 없이 mp3 플레이어 가져갔어?
  걔 정말 안 되겠구나!
- 말해봤자 소용없어. 시간낭비야!

114위 뜻밖의 기분 좋은 일이 생겼을 때

운이 좋군!

- 뭐? 복권 당첨됐다고? 운이 좋군!
- 하하, 부럽지, 모든 사람들이 다 행운을 타고 날 순 없잖아?

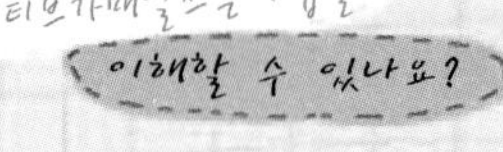
프랑스 네이티브가 매일 쓰는 이 입말
이해할 수 있나요?

112위 Il sort vraiment du lot.

- Cette année encore il a gagné le Tour de France.
  C'est vraiment incroyable.
- C'est le septième de rang qu'il remporte.
  Il sort vraiment du lot.

113위 J'ai essayé de lui expliquer mais ça sert à rien. C'est une perte de temps avec lui.

- Il a pris ton lecteur MP3 sans te demander ?
  Il est vraiment sans gêne.
- J'ai essayé de lui expliquer mais ça sert à rien.
  C'est une perte de temps avec lui.

114위 Tu as vraiment une veine pas possible.

- Comment ? Tu as tiré le gros lot à la loterie ?
  Tu as vraiment une veine pas possible.
- Eh oui, que veux-tu, on n'est pas tous né sous une bonne étoile.

115위 싼 물건은 그만큼 품질도 떨어짐을 비유적으로 이르는 말

싼 게 비지떡

- 내 신발 봤어? 한 달 전에 샀는데, 벌써 신발밑창이 떨어졌어.
- 싼 게 비지떡이야.

116위 옷이 좋아 사람이 돋보일 때

옷이 날개다.

- 이 옷을 입으니 완전히 달라 보이네.
- 옷이 날개야.

117위 홀딱 반하거나 빠져서 정신을 못 차릴 때

그 남자한테 홀딱 반했어.

- 난 그 남자한테 홀딱 반했어.
- 정신 차려! 네가 잊었나본데, 그는 이미 결혼했다고.

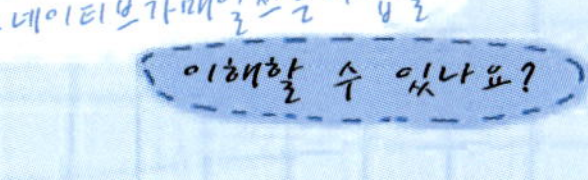

프랑스네이티브가매일쓰는이입말
이해할 수 있나요?

115위 À ce prix-là il n'y a rien d'étonnant.

- Tu as vu mes chaussures ? Je les ai achetées il y a un mois et la semelle se décolle déjà.
- À ce prix-là il n'y a rien d'étonnant.

116위 Comme quoi l'habit fait le moine.

- Tu sembles un tout autre homme dans ce costume.
- Comme quoi l'habit fait le moine.

117위 Il m'a tapé dans l'œil.

- Il m'a tapé dans l'œil.
- Reviens sur terre. Au cas où tu l'aurais oublié, il est déjà marié.

118위 좋아하는 대상의 관심이 기대에 미치지 못해 실망하는 친구에게

일부러 관심 없는 척 튕겨보는 거겠지.

- 그녀는 나한테 관심이 하나도 없어 보여.
- 일부러 관심 없는 척 튕겨보는 거겠지.

119위 현재 주변에 없는 이상적인 배우자를 만나려고 여기저기를 뒤지거나 살필 때

아직 이상형을 찾는 중이야.

- 대체 너의 사랑은 어디에 있는 거니?
- 난 아직 이상형을 찾는 중이야.

120위 음식의 맛이 매우 맛있을 때

맛이 아주 좋아.

- 이거 어떻게 만든 거야? 정말 맛있다.
- 맛이 아주 좋아.

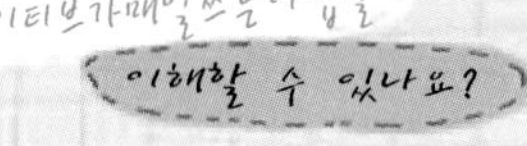
프랑스네이티브가매일쓰는이입말
이해할 수 있나요?

118위 Tu n'as pas encore compris qu'elle feinte.

- Elle ne semble pas du tout intéressée par mes avances.
- Tu n'as pas encore compris qu'elle feinte.

119위 Toujours à la recherche du prince charmant.

- Tu en es où dans tes amours ?
- Toujours à la recherche du prince charmant.

120위 C'est tout un savant mélange.

- Comment avez-vous cuisiné ça ? C'est absolument délicieux.
- C'est tout un savant mélange.

121위 – 132위

121위 뭐라고 하는지 못 들었어.

122위 나 지금 통화 중이야.

123위 저 열혈 팬이에요.

124위 그럴 리가 없어.

125위 제 버릇 어디 가니.

126위 내 말이 그 말이야.

127위 그 사람 내 이상형 같아.

128위 난 사랑에 빠졌어.

129위 이건 내가 주는 작은 선물이야.

130위 어리석게 굴지 마.

131위 그런 기대하지 마.

132위 폐를 끼쳐 드려 죄송해요.

121위 – 132위

121위 Je n'ai pas pu entendre ce que tu as dit.

122위 Je suis en ligne.

123위 Je suis un vrai fan.

124위 Alors ça, aucun risque.

125위 Je me demande bien ce qu'il a fait des bonnes manières.

126위 C'est tout à fait ce que je voulais dire.

127위 Je crois avoir trouvé mon homme idéal.

128위 Je suis enfin tombée amoureuse.

129위 Tiens, c'est un petit cadeau pour toi.

130위 Ne sois pas insensé.

131위 N'espère pas trop.

132위 Ça m'embarrasse beaucoup de vous faire subir tous ces désagréments.

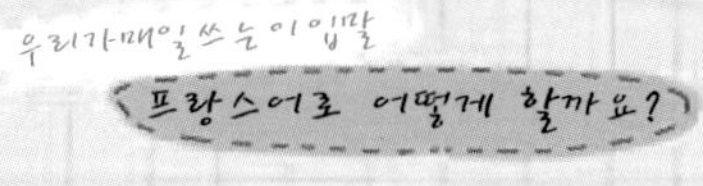
우리가매일쓰는이입말
프랑스어로 어떻게 할까요?

121위 상대방의 말 등을 잘 안 들려서 혹은 주변 상황으로 인해 못 들었을 때

뭐라고 하는지 못 들었어.

- 공사 때문에 네가 뭐라고 하는지 못 들었어.
- 그럼 내가 다시 말해줄게, 이번엔 잘 들어.

122위 다른 사람과 통화 중일 때

나 지금 통화 중이야.

- 안녕하세요. 누구 계세요?
- 잠시 만요. 지금 통화 중이에요. 일단 옆에 앉으세요. 금방 올게요.

123위 어떤 대상(운동선수, 배우, 가수 등)을 열렬하게 좋아하는 사람

저 열혈 팬이에요.

- 뭐라고? Kyo 공연티켓을 사려고 밤새 줄서서 기다렸다고?
- 그럼, 난 그들을 정말 좋아하거든. 너무 멋져. 열혈 팬이야.

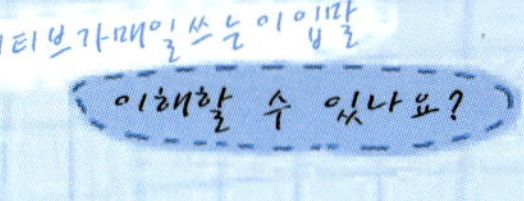
프랑스 네이티브가 매일 쓰는 이 입말
이해할 수 있나요?

121위 Je n'ai pas pu entendre ce que tu as dit.

- A cause des travaux je n'ai pas pu entendre ce que tu as dit.
- Je vais répéter mais sois attentif, s'il te plaît.

122위 Je suis en ligne.

- Bonjour ! Il y a quelqu'un ?
- Un instant, je suis en ligne. Asseyez-vous à côté, j'arrive.

123위 Je suis un vrai fan.

- Comment ? Tu as fait la queue toute la nuit pour acheter une place au concert de Kyo ?
- Bien sûr, je les adore. Ils sont géniaux. Je suis un vrai fan.

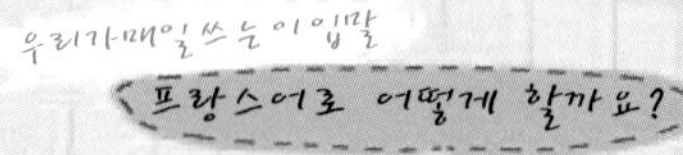
우리가 매일 쓰는 이 입말
프랑스어로 어떻게 할까요?

124위 어떤 행동을 다른 사람이 오해해서 사실이 아니라고 강조할 때

그럴 리가 없어.

– 이번 회의 통역은 루이가 맡게 되는 거 알고 있었어?
– 그럴 리가 없어. 어제 저녁에 사장님께서 분명히 나보고 하라고 말씀하셨는데.

125위 한번 젖어 버린 나쁜 버릇은 쉽게 고치기가 어렵다는 표현을 할 때

제 버릇 어디 가니.

– 이 사람 좀 봐! 제 버릇 어디 가니.
– 그러게 말이야. 늘 저런 식이야.

126위 내가 하고 싶었던 말을 남이 해 그 말에 동의할 때

내 말이 그 말이야.

– 내 생각에 우리 며칠 쉬어야 할 것 같아, 벌써 석 달째 이렇게 일하고 있잖아.
– 내 말이 그 말이야. 우린 좀 쉬어야 해.

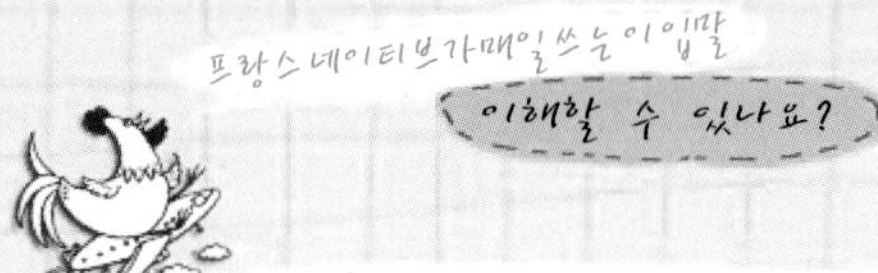
프랑스네이티브가매일쓰는이입말
이해할 수 있나요?

124위 Alors ça, aucun risque.

- Tu savais que c'est Louis qui allait être interprète lors de la prochaine réunion ?
- Alors ça, aucun risque. Le directeur m'a confié cette tâche en personne hier soir.

125위 Je me demande bien ce qu'il a fait des bonnes manières.

- Regarde un peu ce type ! Je me demande bien ce qu'il a fait des bonnes manières.
- Tout à fait d'accord. Toujours les mêmes.

126위 C'est tout à fait ce que je voulais dire.

- Je pense qu'on devrait prendre des congés. On travaille comme ça depuis déjà trois mois.
- C'est tout à fait ce que je voulais dire. On devrait prendre du repos.

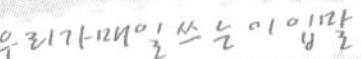

127위 꿈에 그리던 좋아하는 대상을 만났을 때

그 사람 내 이상형 같아.

- 첫눈에 반해 버렸어, 그 사람 내 이상형 같아.
- 그래? 그러고 보니 너희들 잘 어울린다.

128위 정신이 아주 쏠리어 헤어나지 못할 때

난 사랑에 빠졌어.

- 난 사랑에 빠졌어, 정말 오랜만에 찾아온 사랑이야.
- 그런 행운이! 내가 아는 사람이야?

129위 감사나 존경 등의 마음을 작게나마 표현하면서

이건 내가 주는 작은 선물이야.

- 이건 내가 주는 작은 선물이야. 네가 좋아했으면 좋겠다.
- 이럴 필요까진 없는데, 어쨌든 고마워. 감동인걸.

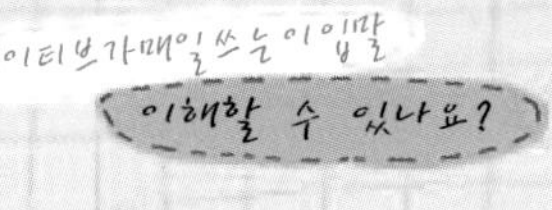
프랑스네이티브가매일쓰는이입말
이해할 수 있나요?

127위 Je crois avoir trouvé mon homme idéal.

- Il m'a taper dans l'œil dès le premier regard.
  Je crois avoir trouvé mon homme idéal.
- Ah bon ? C'est vrai que vous n'êtes pas mal assortis.

128위 Je suis enfin tombée amoureuse.

- Je suis enfin tombée amoureuse. Ça faisait longtemps que ça ne m'était pas arrivé.
- Tu en as de la chance ! C'est quelqu'un que je connais ?

129위 Tiens, c'est un petit cadeau pour toi.

- Tiens, c'est un petit cadeau pour toi.
  J'espère que ça te fera plaisir.
- Ce n'était pas nécessaire mais merci quand même.
  Ça me touche beaucoup.

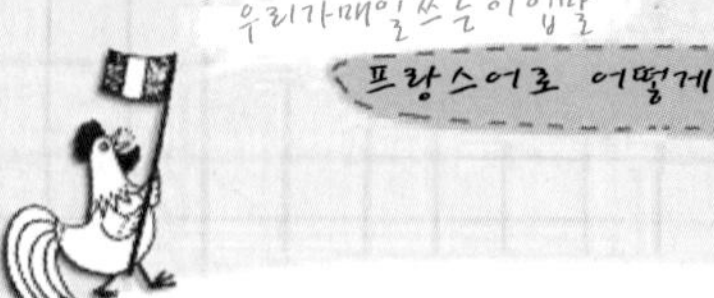
우리가매일쓰는이입말
프랑스어로 어떻게 할까요?

130위 어떤 이가 행동이나 말 따위가 슬기롭지 못하고 둔하게 굴 때

어리석게 굴지 마.

- 어리석게 굴지 마, 그런 여자애가 너를 좋아할 거라고 생각해?
- 아휴, 그래도 어쩔 수 없어, 걔한테 말해야겠어.

131위 실현 가능성이 적은 어떤 일이 이루어지기를 바라고 기다릴 때

그런 기대하지 마.

- 걔가 너한테 밥 사줄 거라고 생각해? 그는 구두쇠야. 그런 기대하지 마.
- 모두들 그렇게 말하지만 난 그렇게 생각 안 해.

132위 자신으로 인해 상대방이 불편함을 느낄까 염려될 때

폐를 끼쳐 드려 죄송해요.

- 당신께 폐를 끼쳐 드려 정말 죄송해요.
- 괜찮아요, 우린 당신의 처지를 이해해요.

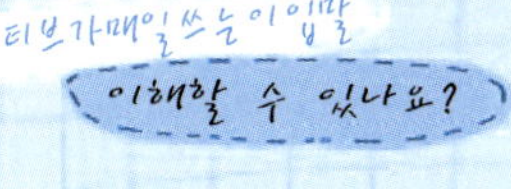

프랑스네이티브가매일쓰는이입말
이해할 수 있나요?

130위 Ne sois pas insensé.

- Ne sois pas insensé. Tu penses vraiment qu'une fille pareille puisse s'intéresser à toi ?
- Peu importe. Il faut absolument que je lui dise.

131위 N'espère pas trop.

- Tu es sûr qu'il va te payer un resto? C'est un vrai radin. N'espère pas trop.
- Tout le monde dit ça, mais je ne crois pas que ce soit vrai.

132위 Ça m'embarrasse beaucoup de vous faire subir tous ces désagréments.

- Ça m'embarrasse beaucoup de vous faire subir tous ces désagréments.
- Ça va, nous comprenons bien votre situation.

133위 – 144위

133위 이건 내 스타일이 아니야.

134위 걔는 그냥 사람 마음 가지고 노는 거야.

135위 걔 생각하면 지금도 가슴이 아프다.

136위 그걸 꼭 말로 해야 되니?

137위 난 이거 못하겠어!

138위 너흰 아무 도움도 안 되잖아!

139위 한 입만 먹어도 돼?

140위 맛이 밍밍해.

141위 감기 기운이 좀 있어.

142위 목이 쉬었어.

143위 체중 조절 좀 해야겠어.

144위 어디서 많이 본 것 같은데요.

133위 – 144위

133위 Ce n'est pas mon style.

134위 C'est juste une allumeuse.

135위 Quand je repense à elle j'en ai le cœur gros.

136위 Tu as besoin que je te fasse un dessin ?

137위 Je ne peux vraiment pas faire ça.

138위 Vous n'êtes vraiment d'aucune aide !

139위 Je peux en prendre juste une bouchée ?

140위 C'est fade.

141위 J'étais à moitié enrhumé

142위 J'en ai une extinction de voix.

143위 Il faut que je fasse attention.

144위 On ne se serait pas déjà vu quelque part ?

133위 자신이 추구하는 스타일이 아닐 때

이건 내 스타일이 아니야.

- 나더러 양복을 입으라고? 이건 내 스타일이 아니란 거 알잖아.
- 근데 어쩔 수 없어. 이런 곳에서는 꼭 양복을 입어야 돼.

134위 친구가 좋아하는 사람의 마음을 얻지 못해 상심하고 있을 때

걔는 그냥 사람 마음 가지고 노는 거야.

- 나는 그 여자앨 두 달 동안 쫓아 다녔는데. 걔는 여전히 무관심하더라.
- 정신 차려, 걔는 그냥 사람 마음 가지고 노는 거야.

135위 과거 인연이 있었던 사람으로 인해 마음이 아플 때

걔 생각하면 지금도 가슴이 아프다.

- 걔 생각하면 지금도 가슴이 아프다.
- 이젠 지난 과거일 뿐이야. 잊어버려.

133위 Ce n'est pas mon style.

- Il faut vraiment que je porte un costume ?
  Tu sais bien que ce n'est pas mon style.
- Oui mais là tu n'as pas le choix. Si tu veux entrer c'est obligatoire.

134위 C'est juste une allumeuse.

- Ça fait déjà deux mois que je lui fais les beaux yeux mais elle n'a pas montré le moindre intérêt.
- Laisse tomber, c'est juste une allumeuse.

135위 Quand je repense à elle j'en ai le cœur gros.

- Quand je repense à elle j'en ai le cœur gros.
- Maintenant c'est du passé. Tu dois l'oublier.

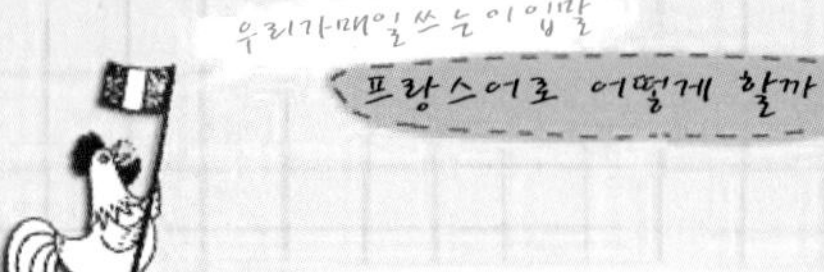
우리가매일쓰는이입말
프랑스어로 어떻게 할까요?

136위 굳이 설명하지 않아도 자신의 의도를 알아주기 바랄 때

그걸 꼭 말로 해야 되니?

- 너 정말 무슨 말인지 모르겠어? 그걸 꼭 말로 해야 되니?
- 정말 모르니까 물어보는 거지.

137위 자신이 감당하기 어려운 어떤 일을 해야 할 때

난 이거 못하겠어!

- 난 정말 이거 못하겠어. 못하겠다고. 그건 내 능력 밖이야.
- 걱정 마, 너랑 나밖에 몰라. 그리고 우리가 나쁜 짓 하는 건 아니잖아.

138위 상대방을 신임하지 못하고 무시하는 표현

너흰 아무 도움도 안 되잖아!

- 너희들은 저리 가 있어, 너흰 아무 도움도 안 되잖아!
- 왜 사람을 깔보고 그래? 언젠간 너 후회할 거다.

136위 Tu as besoin que je te fasse un dessin ?

- Tu ne vois pas du tout de quoi ça parle ?
  Tu as besoin que je te fasse un dessin ?
- Si je te le demande, c'est que je ne sais pas.

137위 Je ne peux vraiment pas faire ça.

- Non, je ne peux vraiment pas faire ça. Je ne peux pas. C'est au-dessus de mes moyens.
- Ne t'en fais pas. Il n'y a que toi et moi qui seront au courant. Et puis on ne fait rien de mal.

138위 Vous n'êtes vraiment d'aucune aide !

- Fichez-moi le camp de là et ne revenez pas !
  Vous n'êtes vraiment d'aucune aide !
- Je ne te permets pas de nous mépriser.
  Un jour tu le regretteras.

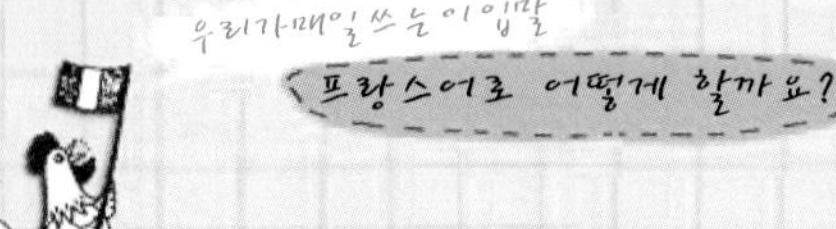
우리가 매일 쓰는 이 입말
프랑스어로 어떻게 할까요?

139위 배가 고프거나 맛있는 음식을 보고 식욕이 돌았을 때

한 입만 먹어도 돼?

- 엄마, 나 배고파 죽겠어, 한 입만 먹어도 돼?
- 안 돼. 다른 사람들처럼 손님들이 오실 때까지 기다려야 돼.

140위 음식 따위가 제 맛이 나지 않고 몹시 싱거울 때

맛이 밍밍해.

- 맛 좀 봐봐. 새로운 요리야. 어때?
- 괜찮네, 근데 맛이 좀 밍밍해.

141위 감기가 걸린 것처럼 몸에 기운이 없을 때

감기 기운이 좀 있어.

- 왜 아침에 수업 빠졌어?
- 감기 기운이 좀 있어서 집에서 쉬었거든.

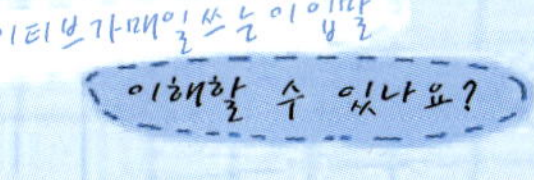
프랑스 네이티브가 매일 쓰는 이 입말
이해할 수 있나요?

139위 Je peux en prendre juste une bouchée ?

- Maman, je meurs de faim. Je peux en prendre juste une bouchée ?
- C'est hors de question. Tu fais comme tout le monde, tu attends les invités.

140위 C'est fade.

- Goûte. C'est ma dernière recette. Tu la trouves comment ?
- Pas mal, mais c'est un peu fade.

141위 J'étais à moitié enrhumé.

- Pourquoi tu n'es pas venu en cours ce matin ?
- J'étais à moitié enrhumé, alors je suis resté me reposer à la maison.

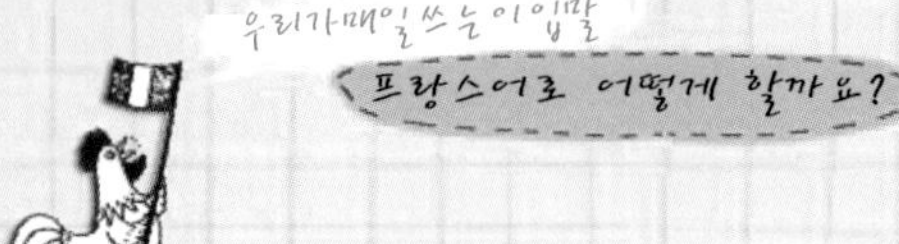
우리가매일쓰는이입말
프랑스어로 어떻게 할까요?

142위 목청에 탈이 나서 목소리가 거칠고 맑지 않게 되었을 때

목이 쉬었어.

- 오늘 하루 종일 강의했더니 목이 쉬었어.
- 사람들이 생각하는 것과는 달리, 선생님 된다는 건 쉬운 일이 아니야.

143위 다이어트를 해야겠다고 말하면서

체중 조절 좀 해야겠어.

- 아내 임신 기간 동안 나도 살이 많이 쪘어. 체중 조절 좀 해야겠어.
- 아니야, 지금이 딱 보기 좋아. 그전엔 너 좀 말랐었어.

144위 어딘가에서 본적이 있는 듯한 사람을 보았을 때

어디서 많이 뵌 것 같은데요.

- 어디서 많이 뵌 것 같은데요, 혹시 우리 전에 어디서 뵌 적이 있나요?
- 그럴 리가요, 저 파리에 처음 온 건데요.

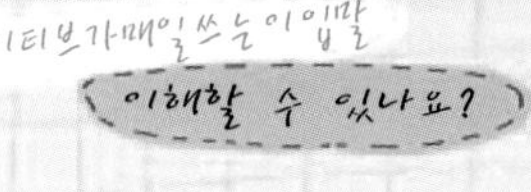
프랑스네이티브가매일쓰는이입말
이해할 수 있나요?

142위 J'en ai une extinction de voix.

- J'ai donné tellement de cours aujourd'hui que j'en ai une extinction de voix.
- Contrairement à ce que les gens pensent ce n'est pas si facile que ça d'être professeur.

143위 Il faut que je fasse attention.

- Durant la grossesse de ma femme j'ai pris beaucoup de poids. Il faut que je fasse attention.
- Non, tu es bien maintenant. Je trouve qu'avant tu étais trop maigre.

144위 On ne se serait pas déjà vu quelque part ?

- Votre visage m'est familier. On ne se serait pas déjà vu quelque part ?
- Ça me surprendrait fort. C'est la première fois que je viens à Paris.

145위 – 156위

145위 그동안 하나도 안 변했구나.

146위 언제 한번 보자.

147위 함께 해서 정말 즐거웠어요.

148위 넌 인간쓰레기야!

149위 뭐라고 감사를 드려야 할지 모르겠네요.

150위 프러포즈 할 거니?

151위 내 컴퓨터가 다운됐어.

152위 그동안 고마웠어.

153위 말 빙빙 돌리지 마.

154위 너 왜 이렇게 겁쟁이냐!

155위 늘 그런 식이지.

156위 밤새 뒤척였어.

145위 – 156위

145위 Tu n'as pas changé d'un poil.

146위 Il faut qu'on se voie un de ces quatre.

147위 Ce fut un plaisir de collaborer.

148위 Tu n'es qu'une ordure !

149위 Je ne sais absolument pas comment je pourrais vous remercier.

150위 Tu vas la demander en mariage ?

151위 Mon ordinateur est HS (hors service).

152위 Je te remercie pour tout.

153위 Ne tourne pas autour du pot.

154위 Arrête de faire ta poule mouillée !

155위 C'est tout à fait lui

156위 Je n'ai pas arrêté de gigoter et de me retourner.

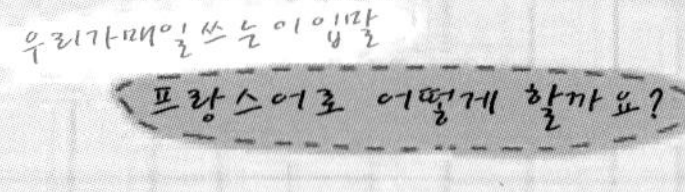
우리가 매일 쓰는 이 입말
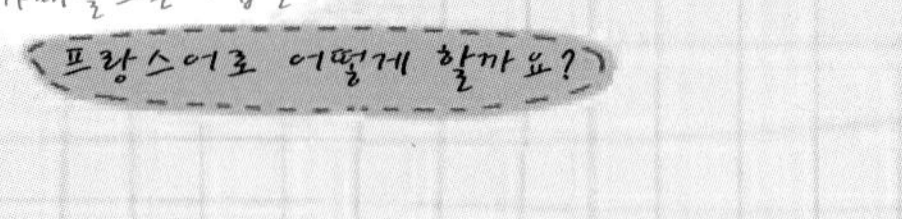
프랑스어로 어떻게 할까요?

145위 오랜만에 만난 사람의 모습이 과거 큰 변화가 없을 때 또는 그렇게 보인다고 칭찬의 의도로 말할 때

그동안 하나도 안 변했구나.

- 오랫동안 못 봤는데 그동안 하나도 안 변했구나.
- 그래? 얼굴에 주름 많이 생겼는데.

146위 오랫동안 만나지 못한 친구들과 만남을 청할 때

언제 한번 보자.

- 다들 오랜만이다. 언제 한번 보자.
- 좋아, 내일 저녁 퇴근하고 한 잔 어때?

147위 공동으로 어떠한 업무를 성공리에 마쳐 이 기쁠 때

함께 해서 정말 즐거웠어요.

- 우리가 이 프로젝트에 매달린 지 한달 째, 드디어 그 끝이 보이는구나.
- 그래, 드디어 끝났다, 함께 해서 정말 즐거웠어요.

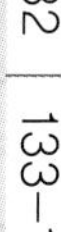

145위 Tu n’as pas changé d’un poil.

- Il y a longtemps qu’on ne s’était pas rencontré mais tu n’as pas changé d’un poil.
- Ah vraiment ? Pourtant j’ai pris pas mal de rides, tu sais.

146위 Il faut qu’on se voie un de ces quatre.

- Ça fait des lustres. Il faut qu’on se voie un de ces quatre.
- Ça te dit d’aller prendre un verre demain soir après le travail?

147위 Ce fut un plaisir de collaborer.

- Il y a maintenant un mois que nous sommes sur ce projet et nous en voyons enfin le bout.
- Eh oui, nous sommes arrivés au terme.

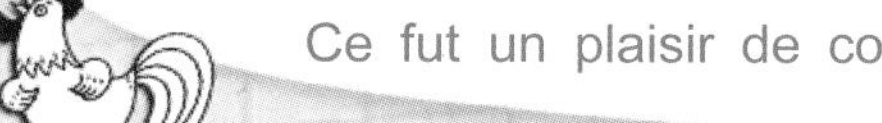

Ce fut un plaisir de collaborer.

148위 아무 쓸모도 없는 사람을 속되게 이르는 말

넌 인간쓰레기야!

- 그래, 넌 인간쓰레기야! 왜 날 속였어?
- 미안해, 더 이상 할 말이 없어.

149위 감사의 마음을 말로 표현하기 어려울 때

뭐라고 감사를 드려야 할지 모르겠네요.

- 뭐라고 감사를 드려야 할지 모르겠네요.
- 별말씀을요. 서로 돕고 사는 거죠.

150위 좋아하는 대상에게 프러포즈를 할지 물을 때

프러포즈 할 거니?

- 뭐? 프러포즈 할 거니?
- 그래, 알게 된지 3개월 밖에 안 됐지만, 바로 그녀라고 생각해.

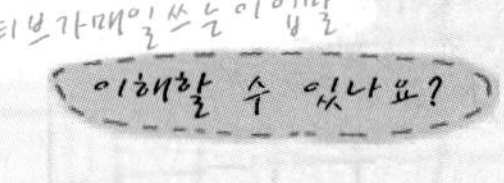
프랑스네이티브가매일쓰는이입말
이해할 수 있나요?

148위 Tu n'es qu'une ordure !

- Tu n'es qu'une ordure ! Pourquoi tu m'as trompée ?
- Désolé, je n'ai rien à ajouter.

149위 Je ne sais absolument pas comment je pourrais vous remercier.

- Je ne sais absolument pas comment je pourrais vous remercier.
- Ce n'est rien, il faut bien que l'on s'entraide.

150위 Tu vas la demander en mariage ?

- Quoi ? Tu vas la demander en mariage ?
- Je sais, ça fait seulement trois mois que nous nous sommes rencontrés mais je suis sûr que c'est la bonne.

우리가 매일 쓰는 이 입말

프랑스어로 어떻게 할까요?

151위 컴퓨터가 작동되지 않을 때

내 컴퓨터가 다운됐어.

- 내 컴퓨터가 다운됐어, 바이러스에 걸린 것 같아.
- 지난주에 그 바이러스 경보시스템 작동됐었는데, 모르고 있었어?

152위 일정 기간 동안 준 도움에 대해 감사함을 표현할 때

그동안 고마웠어.

- 이번 일은 네가 정말 큰 도움이 됐어, 그동안 고마웠어.
- 별것 아니야, 다음에도 이런 일이 있으면 주저하지 말고 나한테 전화해. 기꺼이 도와줄게.

153위 상대방이 말을 답답하게 돌려 말할 때

말 빙빙 돌리지 마.

- 말 빙빙 돌리지 마. 무슨 할 말 있으면 솔직하게 말해!
- 알았어. 그럼 기분 나쁘더라도 화내지마.

151위 Mon ordinateur est HS (hors service).

- Mon ordinateur est HS (hors service). Je pense avoir attrapé un virus.
- Tu n'es pas au courant qu'il y a eu une alerte anti-virale majeure la semaine dernière ?

152위 Je te remercie pour tout.

- Tu m'as été d'une grande aide sur cette affaire. Je te remercie pour tout.
- Ce n'est rien. La prochaine fois que tu as besoin, n'hésite pas à m'appeler, ça sera avec plaisir.

153위 Ne tourne pas autour du pot.

- Ne tourne pas autour du pot. Si tu as quelque chose à me dire, dis-le moi franchement.
- D'accord, mais ne te fâche pas si ça ne te plaît pas.

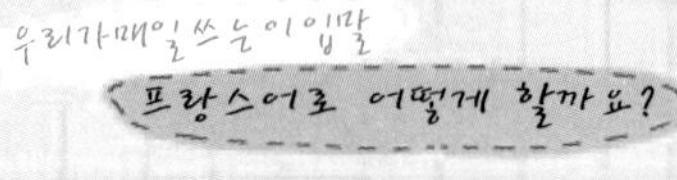
우리가매일쓰는이입말
프랑스어로 어떻게 할까요?

154위 지나치게 겁이 많을 때

너 왜 이렇게 겁쟁이냐!

– 어두움이 무서워. 내 곁에 있어줘.
– 너 왜 이렇게 겁쟁이냐!

155위 평소에 늘 잘하는 일이 없이 방해가 되는 사람에게

늘 그런 식이지.

– 걔 또 실수했어. 한 번도 제대로 일한 적이 없어.
– 늘 그런 식이지. 여전히 무능력하군.

156위 밤새도록 편안하게 잠을 자기 못했을 때

밤새 뒤척였어.

– 잘 잤어?
– 아니, 밤새 뒤척였어. 왜 그런지 모르겠는데, 잠이 안 오더라고.

154위 Arrête de faire ta poule mouillée !

- J'ai peur du noir. Reste près de moi, s'il te plaît.
- Arrête de faire ta poule mouillée !

155위 C'est tout à fait lui.

- Il a encore commis une erreur. Il n'est pas capable de bien faire son travail.
- C'est tout à fait lui. Toujours aussi incompétent.

156위 Je n'ai pas arrêté de gigoter et de me retourner.

- Tu as passé une bonne nuit ?
- Non, je n'ai pas arrêté de gigoter et de me retourner. Je ne sais pas ce que j'avais mais je n'arrivais pas à trouver le sommeil.

157위 – 168위

157위 그만해! 그만두지 못해!

158위 그는 밥만 축내.

159위 쓸데없는 말 집어치워!

160위 결코 고의가 아니었어.

161위 무서워 죽을 뻔 했어.

162위 마음만 먹으면 뭐든지 할 수 있어.

163위 내 성질 건드리지 마.

164위 입장을 바꿔서 생각해 봐.

165위 이보다 더 좋을 순 없어요.

166위 내가 만만하게 보여?

167위 저 사람은 인간이 왜 저래?

168위 걔 원래 그런 애야.

157위 Mais arrête !

158위 C'est un bon à rien.

159위 Tu veux bien en venir au fait !

160위 Ça n'a jamais été mon intention.

161위 J'ai failli mourir de peur.

162위 Quand on veut, on peut.

163위 Ne me provoque pas.

164위 Essaie un peu de te mettre à ma place.

165위 Ça ne pouvait pas être mieux.

166위 Vous me prenez pour votre bonne ?

167위 Mais qu'est-ce qui lui prend ?

168위 Il a toujours été comme ça.

157위 어떠한 동작을 강력하게 그만 두도록 요구할 때

그만해! 그만두지 못해!

- 그만해! 그만두지 못해! 어떻게 여자를 때릴 수가 있어?
- 네 일에나 신경 써. 너랑 상관없는 일이야.

158위 특별한 재능 없이 또는 하는 일 없이 그저 밥이나 먹으며 하루하루 지내는 사람을 가리켜

그는 밥만 축내.

- 어떻게 그는 할 줄 아는 게 하나도 없어?
- 그는 밥만 축내. 허풍만 떠는 사람이라고.

159위 소용없는 말을 듣기 싫을 때

쓸데없는 말 집어치워!

- 쓸데없는 말 집어치워! 나한테 무슨 말을 하려는 건지 이해가 안 돼.
- 내 생각에 우린 서로 잘 맞지 않는 것 같아.
  그러니 헤어지는 게 낫겠어.

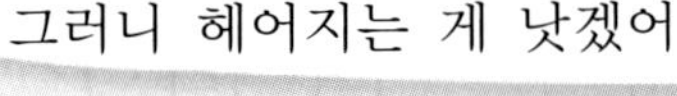

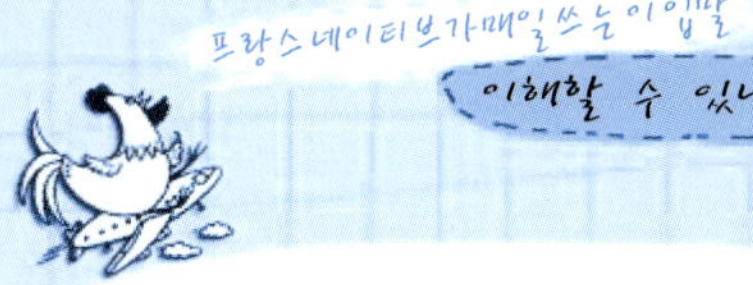

157위 Mais arrête!

- Mais arrête ! Tu es un monstre pour frapper une femme !
- Occupe-toi de tes affaires, ça ne te regarde pas.

158위 C'est un bon à rien.

- Comment est-ce possible qu'il ne sache rien faire ?
- C'est simple, c'est un bon à rien.
  Il est juste capable de se vanter.

159위 Tu veux bien en venir au fait !

- Tu veux bien en venir au fait ! Je n'arrive pas à comprendre ce que tu cherches à me dire.
- Selon moi on n'est pas fait l'un pour l'autre, donc c'est mieux qu'on se sépare.

160위 일부러 하지 않았다고 말할 때

결코 고의가 아니었어.

- 일부러 사람들 앞에서 내게 창피 준거지? 나쁜 자식!
- 결코 고의가 아니었어. 우연이었다고.

161위 영화 따위를 보고 극한 공포상황을 겪었을 때

무서워 죽을 뻔 했어.

- 그 새 나온 공포영화 봤어?
- 응, 너무 끔찍해서 무서워 죽을 뻔 했어.

162위 자신의 마음이나 상대에게 용기를 북돋울 때

마음만 먹으면 뭐든지 할 수 있어.

- 이 모든 게 지긋지긋해. 내 인생에서 제대로 한 게 하나도 없어.
- 너무 실망하지 마. 마음만 먹으면 뭐든지 할 수 있어.

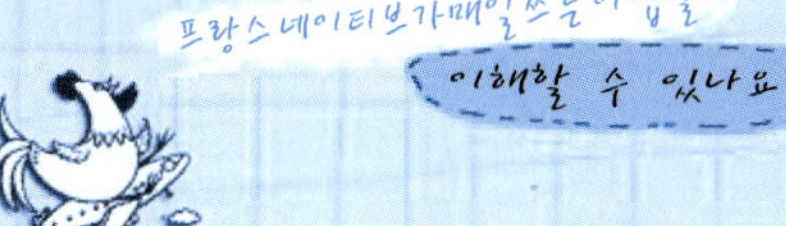
프랑스 네이티브가 매일 쓰는 이 입말
이해할 수 있나요?

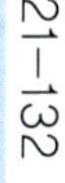

160위 Ça n'a jamais été mon intention.

– Tu as fait exprès de m'humilier devant toute l'assemblée ! Tu n'es qu'un salopard !

– Ça n'a jamais été mon intention. C'est seulement arrivé par accident.

161위 J'ai failli mourir de peur.

– Tu es allé voir le dernier film d'horreur ?

– Oui, j'ai failli mourir de peur tellement il est atroce.

162위 Quand on veut, on peut.

– J'en ai marre de tout ça. Je n'ai encore rien réussi de bien dans ma vie.

– Ne sois pas trop déçu. Et dis-toi que : « Quand on veut, on peut ».

163위 불편한 심기로 인해 상대방에게 경고할 때

내 성질 건드리지 마.

- 무슨 일이야? 너 좀 이상해 보이는데.
- 내 성질 건드리지 마, 나 지금 기분이 너무 나쁘거든.

164위 남이 자신의 처지나 생각 등을 이해하지 못할 때

입장을 바꿔서 생각해 봐.

- 왜 그렇게 망설이니? 선택을 내리는 게 그렇게 어렵니?
- 그럼! 입장을 바꿔서 생각해 봐. 쉽지 않다는 걸 너도 알게 될 거다.

165위 매우 만족스러운 결과 또는 결과물을 보고

이보다 더 좋을 순 없어요.

- 손님, 이런 일정은 마음에 드세요?
- 네, 이보다 더 좋을 순 없어요.

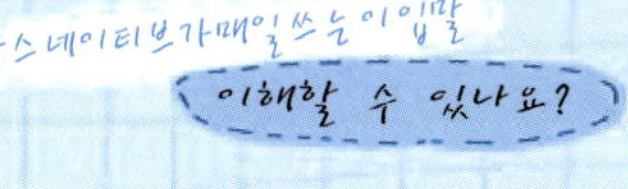
프랑스네이티브가매일쓰는이입말
이해할 수 있나요?

163위 Ne me provoque pas.

- Qu'est-ce qui t'arrive ? Tu as l'air bizarre.
- Ne m'irrite pas, s'il te plaît ! Je suis de mauvais humeur.

164위 Essaie un peu de te mettre à ma place.

- Pourquoi tu hésites autant ?
  Ce n'est pas si dur que ça de prendre une décision ?
- Ah bon ? Essaie un peu de te mettre à ma place et tu verras que ce n'est pas si facile que ça de choisir.

165위 Ça ne pouvait pas être mieux.

- Est-ce que le programme de la journée vous convient ?
- Ça ne pouvait pas être mieux.

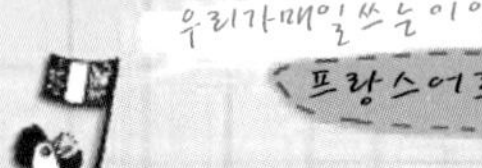
우리가매일쓰는이입말
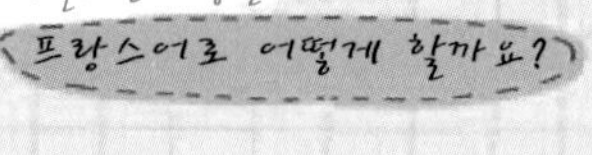
프랑스어로 어떻게 할까요?

166위 남들이 자신을 하찮게 여길 때

내가 만만하게 보여?

- 우리 커피 한 잔만 타줄래요?
- 왜 다들 나만 시켜? 내가 만만하게 보여?

167위 어떤 사람의 됨됨이가 올바르지 못할 때

저 사람은 인간이 왜 저래?

- 저 사람은 인간이 왜 저래? 왜 이유도 없이 나한테 화내?
- 너 때문이 아니야. 어제 여자 친구랑 헤어졌거든.

168위 어떤 사람의 행동 등이 만족스럽지 못할 때

걔 원래 그런 애야.

- 이 남자는 정말 싫어, 늘 사소한 것 갖고 너무 따지더라.
- 걔 원래 그런 애야, 그래서 아직도 솔로잖아.

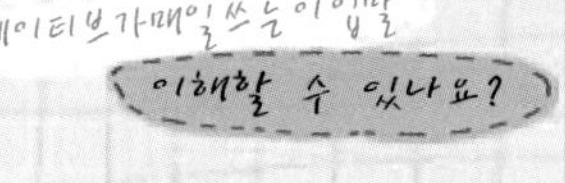
프랑스네이티브가매일쓰는이입말
이해할 수 있나요?

166위 Vous me prenez pour votre bonne ?

- Tu veux bien aller nous chercher un café ?
- Pourquoi ça tombe toujours sur moi ?
  Vous me prenez pour votre bonne ou quoi ?

167위 Mais qu'est-ce qui lui prend ?

- Mais qu'est-ce qui lui prend ? Pourquoi il s'énerve après moi sans raison ?
- Ce n'est pas contre toi, c'est juste que sa copine l'a quitté hier.

168위 Il a toujours été comme ça.

- J'ai horreur de cet homme.
  Il faut toujours qu'il cherche la petite bête.
- Il a toujours été comme ça.
  Pas surprenant qu'il soit encore célibataire.

169위 - 180위

169위 저 애 내가 찍었어.

170위 내 입장이 정말 난처해.

171위 내 일은 내가 알아서 다 할 거야.

172위 누가 네 성격을 받아주겠니?

173위 그래서? 내가 어떻게 하길 바라니?

174위 사랑이 식었어.

175위 타고 난 거야.

176위 나이 값 좀 해!

177위 너 완전히 딴 사람 같아.

178위 오늘 정말 정신없었어.

179위 같은 걸로 주세요.

180위 이 치마 세일해서 얼마죠 ?

169위 – 180위

169위 C'est moi qui l'ai remarquée le premier.

170위 Je suis dans une position assez embarrassante comme ça.

171위 Je sais ce que j'ai à faire.

172위 Je me demande qui pourrait bien te supporter.

173위 Alors comment veux-tu que je fasse ?

174위 On n'éprouvait plus rien l'un pour l'autre.

175위 C'est inné.

176위 Comporte-toi un peu comme les gens de ton âge !

177위 Tu donnes l'impression d'être quelqu'un d'autre.

178위 J'ai couru dans tous les sens.

179위 Donnez-moi la même chose, s'il vous plaît.

180위 Cette jupe, elle est à combien avec la remise ?

169위 친구나 동료에게 자신이 맘에 담아둔 이성을 밝힐 때

저 애 내가 찍었어.

- 너 라쉘 쫓아다닌다며? 너만 걔 좋아하는 거 아니거든?
- 저 애 내가 찍었어, 넌 걔 꿈도 꾸지 마.

170위 당면하고 있는 상황이 자신이 어찌할 수 없게 난처할 때

내 입장이 정말 난처해.

- 너 왜 한 마디도 안 했어? 내 편 들어줄 수도 있었잖아.
- 난 아무 말도 할 수가 없었어. 내 입장이 정말 난처해.

171위 남의 참견이 마음에 들지 않을 때

내 일은 내가 알아서 다 할 거야.

- 요즘 일은 어떻게 돼가? 도움이 필요하면 연락해.
- 날 좀 그냥 내버려 둬, 내 일은 내가 알아서 다 할 거야.

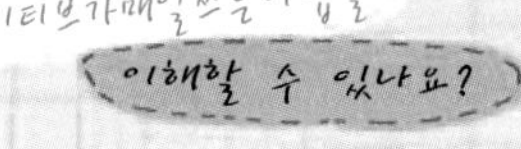
프랑스 네이티브가 매일 쓰는 이 입말
이해할 수 있나요?

169위 C'est moi qui l'ai remarquée le premier.

– Alors, il paraît que tu fais les beaux yeux à Rachelle ? Tu sais que tu n'es pas le seul ?

– C'est moi qui l'ai remarquée le premier. Tu la laisses tranquille.

170위 Je suis dans une position assez embarrassante comme ça.

– Pourquoi tu n'as rien dit ? Tu aurais pu me soutenir tout de même.

– Je ne pouvais rien dire. Je suis dans une position assez embarrassante comme ça.

171위 Je sais ce que j'ai à faire.

– Ça se passe comment le travail? Si tu as besoin d'aide, n'hésite pas à faire appel.

– Laisse-moi tranquille. Je sais ce que j'ai à faire.

172위 까다로운 상대의 성격을 뭐라고 할 때

누가 네 성격을 받아주겠니?

- 너 성질이 되게 나쁘다, 누가 네 성격을 받아주겠니?
- 누가 너더러 받아달라고 했니?

173위 상대방에게 상대가 원하는 나의 결정을 물을 때

그래서? 내가 어떻게 하길 바라니?

- 그렇게 하지 마. 그러면 일이 더 엉망이 될 거야.
- 그래서? 내가 어떻게 하길 바라니?

174위 사랑하는 열의나 생각이 줄거나 가라앉았을 때

사랑이 식었어.

- 너희 둘이 사귄지 오래됐는데 왜 결국 헤어졌어?
- 사랑이 식었어, 노력도 해보고 타협해보려 했지만 소용없었어. 어쩔 수 없었다고.

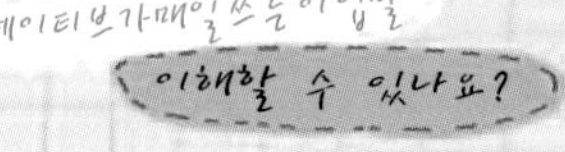
프랑스 네이티브가 매일 쓰는 이 입말
이해할 수 있나요?

172위 Je me demande qui pourrait bien te supporter.

- Tu as vraiment un sale caractère. Je me demande qui pourrait bien te supporter.
- Qui t'a dit que j'étais fait pour te plaire ?

173위 Alors comment veux-tu que je fasse ?

- Ne fais pas comme ça, sinon ça sera pire.
- Alors comment veux-tu que je fasse ?

174위 On n'éprouvait plus rien l'un pour l'autre.

- Vous sortiez ensemble depuis longtemps, comment vous en êtes arrivés à vous séparer ?
- On n'éprouvait plus rien l'un pour l'autre. On a fait des efforts, des concessions, mais en vain.
  Il n'y avait plus rien à faire.

175위 자신의 능력을 상대에게 뽐낼 때

타고 난 거야.

- 와 대단하다. 어떻게 그렇게 빨리 배운 거야?
- 타고 난 거야, 부럽지?

176위 나이답지 못한 행동을 하는 상대방에게

나이 값 좀 해!

- 나이 값 좀 해! 어른답게 좀 굴라고.
- 하지만 어쩌겠어. 난 그냥 노는 게 좋은 걸.

177위 상대방의 외모 따위가 몰라보게 변했을 때

너 완전히 딴 사람 같아.

- 와우, 너 뭐한 거야? 너 완전히 딴 사람 같아.
- 알려줄게, 나 리프팅 수술 받았어.

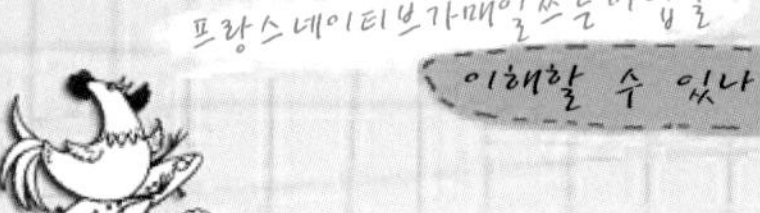

프랑스 네이티브가 매일 쓰는 이 입말
이해할 수 있나요?

175위 C'est inné.

- Tu m'épates. Comment tu fais pour apprendre aussi vite ?
- C'est inné. Ça t'enrage, hein ?

176위 Comporte-toi un peu comme les gens de ton âge !

- Comporte-toi un peu comme les gens de ton âge ! Essaie d'être un peu adulte.
- Je n'y peux rien. J'aime m'amuser, moi.

177위 Tu donnes l'impression d'être quelqu'un d'autre.

- Ouah ! Qu'est-ce que tu as fait ? Tu donnes l'impression d'être quelqu'un d'autre.
- Je vais te le dire, je me suis fait faire un lifting.

178위 쉴 틈 없이 바쁘게 일했을 때

오늘 정말 정신없었어.

- 한시도 쉴 틈 없었어. 오늘 정말 정신없었어.
- 이상하다, 조금 전엔 그렇게 바빠 보이지 않았는데.

179위 다른 사람과 같은 음식이나 물건을 원할 때

같은 걸로 주세요.

- 고르셨어요?
- 저쪽 테이블에 있는 분은 무엇을 시키셨죠? 저도 같은 걸로 주세요.

180위 사고자하는 물건의 할인가격을 물을 때

이 치마 세일해서 얼마죠 ?

- 저기요, 이 치마 세일해서 얼마죠 ?
- 그건 20% 세일입니다. 그래서 45유로 입니다.

해설 : 불어에서 퍼센트는 pour cent 이라고 한다.

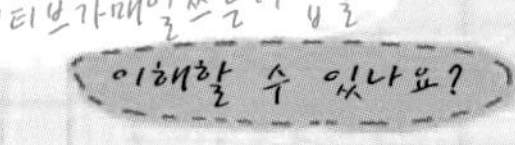
프랑스네이티브가매일쓰는이입말
이해할 수 있나요?

178위 J'ai couru dans tous les sens.

- Je n'ai pas eu un moment de répit.
  J'ai couru dans tous les sens.
- C'est bizarre, tout à l'heure tu n'avais pas l'air d'être si occupé que ça.

179위 Donnez-moi la même chose, s'il vous plaît.

- Vous avez fait votre choix ?
- Qu'est-ce qu'il a commandé à l'autre table ?
  Donnez-moi la même chose, s'il vous plaît.

180위 Cette jupe, elle est à combien avec la remise ?

- S'il vous plaît ? Cette jupe, elle est à combien avec la remise ?
- Elle est à -20% de remise, soit 45 euros.

181위 – 192위

181위 잘난 척 그만해!

182위 우린 천생연분이야.

183위 너희 둘 사귀니?

184위 흔들리면 안 돼.

185위 맘껏 드세요.

186위 우리는 친한 사이야.

187위 그럴 기분 아니야.

188위 밤새 펑펑 울었어.

189위 너무 상심하지 마.

190위 조금만 참고 견뎌봐.

191위 귀찮게 좀 하지 마.

192위 만나 뵙게 되어 영광입니다.

181위 Arrête de te la jouer.

182위 Nous sommes comme les deux doigts de la main.

183위 Vous sortez ensemble ?

184위 Tu ne vas pas te dégonfler maintenant.

185위 Servez-vous à volonté.

186위 On est très proche.

187위 Je ne suis pas d'humeur pour ça.

188위 J'ai pleuré toute la nuit.

189위 Ne te chagrine pas trop.

190위 Tiens le coup.

191위 Ne me casse pas les pieds.

192위 C'est un honneur de faire votre connaissance.

181위 대단하지도 않은 실력을 남에게 부풀려서 뽐내지 말라고 할 때

잘난 척 그만해!

- 너 그 단어 어떻게 읽는 줄 알아?
- 물론이지, 내가 괜히 우리 반 1등이겠니.
- 잘난 척 그만해!

182위 하늘이 정해준 인연인 듯 연인 사이가 좋을 때

우린 천생연분이야.

- 너희 둘은 어쩜 그렇게 공통점이 많니?
- 응, 우린 천생연분이야.

183위 친구들의 관계가 연인처럼 느껴질 때

너희 둘 사귀니?

- 너희 둘 사귀니?
- 아니, 전혀. 그런 소리 어디서 들었어?

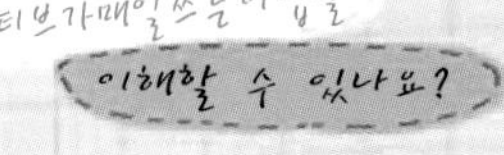
프랑스 네이티브가 매일 쓰는 이 입말
이해할 수 있나요?

181위 Arrête de te la jouer.

- Tu sais comment on lit ce mot ?
- Bien sûr, je ne suis pas le premier de la classe pour rien.
- Arrête de te la jouer.

182위 Nous sommes comme les deux doigts de la main.

- C'est incroyable le nombre de points communs que vous pouvez avoir.
- Oui, nous sommes comme les deux doigts de la main.

183위 Vous sortez ensemble ?

- Vous sortez ensemble ?
- Ah non, pas du tout. Qu'est-ce qui te fait croire une telle chose ?

184위 이미 내린 결정에 확신이 없어 고민할 때

흔들리면 안 돼.

- 걔한테 고백해도 될까?
- 응 그렇게 해, 지금 흔들리면 안 돼.

185위 초대한 사람들에게 편하게 그리고 많이 드시라고 할 때

맘껏 드세요.

- 맘껏 드세요. 사양하지 마시고. 좀 더 드실래요?
- 고맙지만 괜찮아요. 정말 맛있는데 더 이상 못 먹겠어요. 배불러요.

해설 : 음식을 많이 먹고 "배불러요" 란 뜻으로 "je suis rassasié" 란 표현이 있지만 젊은 층에서는 잘 쓰이지 않는 표현이다.

186위 그 사람과 나와의 친분을 얘기할 때

우리는 친한 사이야.

- 저 여자애 알아?
- 그럼, 우리는 친한 사이야. 같은 고등학교 나왔거든.

184위 Tu ne vas pas te dégonfler maintenant.

- Tu crois vraiment que je devrais lui faire part de mes sentiments à son égard ?
- Vas-y, fais-le ! Tu ne vas pas te dégonfler maintenant.

185위 Servez-vous à volonté.

- Servez-vous à volonté. Ne faites pas de manières. Vous en voulez un peu d'autre ?
- Non merci, c'était délicieux mais je n'en peux plus. Je n'ai plus faim.

186위 On est très proche.

- Tu la connais ?
- Oui, elle et moi, on est très proche. On vient du même lycée.

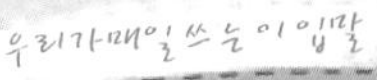
우리가매일쓰는이입말
프랑스어로 어떻게 할까요?

187위 어떤 원인으로 인해 마음이 편치 않을 때

그럴 기분 아니야.

- 친구들 불러서 한잔 하러 나가자. 재밌게 놀자고.
- 난 오늘 시험에 떨어졌다고. 그럴 기분 아니야.

188위 어떤 일로 인해 매우 많이 울었을 때

밤새 펑펑 울었어.

- 밤새 펑펑 울었어. 우리의 이별이 믿어지지가 않아.
- 그런 말 있잖아, 하나를 잃으면 다른 하나를 얻는 단 말.

189위 마음 아파하는 사람을 위로할 때

너무 상심하지 마.

- 나 너무 속상해. 그는 날 헌신짝 버리듯 했어.
- 너무 상심하지 마. 곧 다른 사랑이 찾아올 거야.

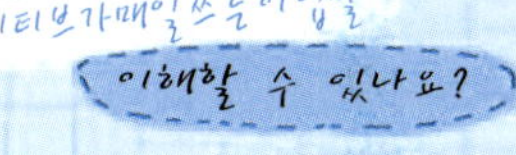
프랑스네이티브가매일쓰는이입말
이해할 수 있나요?

187위 Je ne suis pas d'humeur pour ça.

- Sortons prendre un verre avec les autres. On va bien s'amuser.
- Je te rappelle que j'ai loupé mon examen.
  Je ne suis pas d'humeur à faire la fête.

188위 J'ai pleuré toute la nuit.

- J'ai pleuré toute la nuit. Je n'arriverai jamais à me remettre de cette séparation.
- Voyons, tu sais bien ce que l'on dit. Un de perdu, dix de retrouvés.

189위 Ne te chagrine pas trop.

- J'ai le cœur brisé. Il m'a jeté comme une vieille chaussette.
- Ne te chagrine pas trop. Tu vas vite en retrouver un.

190위 어려운 환경에 굴복하지 않고 버티기를 권할 때, 용기를 주기 위한 표현

조금만 참고 견뎌봐.

- 더 이상 못 견디겠어. 왜 우린 매일 야근해야 돼?
- 조금만 참고 견뎌봐, 한창 일이 많을 철이라 그런 거잖아. 곧 나아질 거야.

191위 지겹도록 참견할 때

귀찮게 좀 하지 마.

- 컴퓨터 좀 그만해! 어쩜 넌 게임만 하고 있니?
- 귀찮게 좀 하지 마. 거의 다 끝나가.

192위 오랫동안 만나고 싶었던 사람을 만나게 되었을 때

만나 뵙게 되어 영광입니다.

- 와, 예전에 말씀을 많이 들었는데 너무 뵙고 싶었어요. 만나 뵙게 되어 영광입니다.
- 감사합니다. 제가 영광입니다.

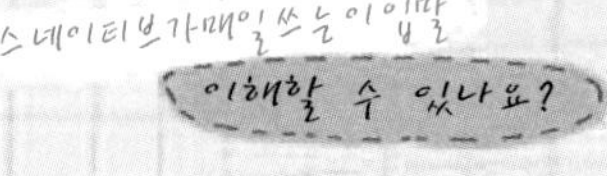

프랑스 네이티브가 매일 쓰는 이 입말
이해할 수 있나요?

190위 Tiens le coup.

- Je n'en peux plus.
  Pourquoi il faut toujours qu'on travaille la nuit ?
- Tiens le coup.
  C'est juste le temps de la saison, après ça ira mieux.

191위 Ne me casse pas les pieds.

- Mais arrête un peu avec ton ordinateur. Tu ne fais plus que ça.
- Ne me casse pas les pieds. J'ai presque fini le jeu.

192위 C'est un honneur de faire votre connaissance.

- J'ai beaucoup entendu parler de vous.
  C'est un honneur de faire votre connaissance.
- Merci beaucoup, tout le plaisir est pour moi.

193위 - 204위

193위 내가 곁에 있잖아.

194위 지금 시비 거는 거니?

195위 난 당신 타입이 아니에요.

196위 내가 계산할게.

197위 제가 사과할게요.

198위 네가 나한테 어떻게 그럴 수 있니?

199위 친구 좋다는 게 뭐야?

200위 누구 점찍어 둔 사람 있니?

201위 다리에 쥐났어.

202위 너무 연연해하는 거 아니야?

203위 하늘만큼 땅만큼 사랑해.

204위 가위 눌렸어.

193위	Je reste à tes côtés.
194위	Tu cherches les ennuis là ?
195위	Je ne suis pas ton genre.
196위	C'est pour moi.
197위	Je vous prie d'accepter toutes mes excuses.
198위	Comment tu peux me faire une chose pareille?
199위	Ça sert à quoi d'avoir des amis ?
200위	Il y en a un sur lequel tu as flashé ?
201위	J'ai des crampes aux mollets.
202위	Tu ne t'accrocherais pas un peu trop ?
203위	Je les aime à la folie.
204위	Je me suis retrouvé paralysé.

193위 두려워하는 상대방을 안심시킬 때

내가 곁에 있잖아.

- 실은 사랑니 수술하는 거 너무 무서워.
- 걱정 마, 간단한 수술이야. 내가 곁에 있잖아.

194위 공연히 결점을 찾아내어 트집을 잡을 때

지금 시비 거는 거니?

- 잠깐, 아까 한 말 다시 해봐. 지금 시비 거는 거니?
- 오해야. 난 그저 네가 좀 더 노력했으면 하는 의미에서 말한 것뿐이야.

195위 데이트 신청을 거절할 때

난 당신 타입이 아니에요.

- 왜 나랑 사귀고 싶지 않은 거야?
- 난 당신 타입이 아니에요.
  나보다 더 좋은 사람을 찾을 수 있을 거예요.

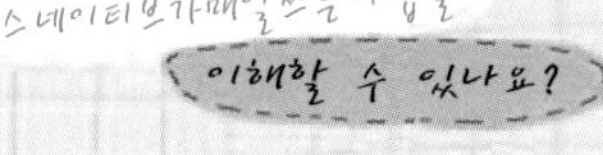
프랑스 네이티브가 매일 쓰는 이 입말
이해할 수 있나요?

193위 Je reste à tes côtés.

- Finalement ça me fait peur de me faire opérer des dents de sagesse.
- Ne t'en fais pas. C'est une opération bénigne. Et puis tu sais que je reste à tes côtés.

194위 Tu cherches les ennuis là?

- Attends un peu. Tu veux bien répéter ce que tu viens de dire ? Tu cherches les ennuis là ?
- Ne te méprends pas. Je disais juste que tu devrais faire quelques efforts.

195위 Je ne suis pas ton genre.

- Pourquoi tu ne veux pas sortir avec moi ?
- Je ne suis pas ton genre de fille. Je suis certaine que tu en rencontreras des bien mieux que moi.

196위 자신이 비용을 지불하고자 할 때

내가 계산할게.

- 계산서 좀 갖다 주시겠어요?
- 아니야 그냥 둬, 내가 계산할게.

197위 상대에게 미안함을 말할 때

제가 사과할게요.

- 오해의 소지를 만들어서 미안해요. 제가 사과할게요.
- 아니야, 괜찮아.

198위 자신에 대한 상대의 말이나 행동이 이해가 되지 않을 때

네가 나한테 어떻게 그럴 수 있니?

- 우리 헤어지자, 우린 잘 안 맞는 것 같아.
- 네가 나한테 어떻게 그럴 수 있니? 다른 여자 생긴 거야?

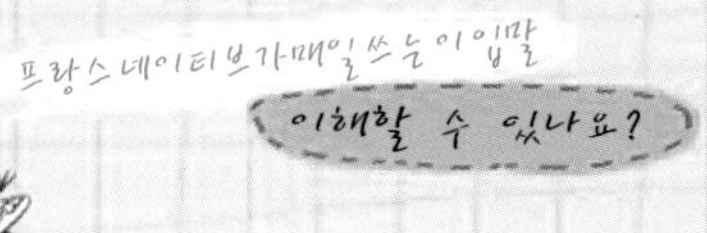
프랑스 네이티브가 매일 쓰는 이 입말
이해할 수 있나요?

196위 C'est pour moi.

- Vous pouvez m'apporter l'addition, s'il vous plaît ?
- Ah non, laisse. Aujourd'hui c'est pour moi.

197위 Je vous prie d'accepter toutes mes excuses.

- Je suis désolé d'avoir créé un tel malentendu.
  Je vous prie d'accepter toutes mes excuses.
- Ne vous en faites pas. ça peut arriver à tout le monde.

198위 Comment tu peux me faire une chose pareille ?

- C'est mieux que nous nous séparions.
  On n'est pas fait l'un pour l'autre.
- Comment tu peux me faire une chose pareille ?
  Il y a quelqu'un d'autre dans ta vie, c'est ça ?

199위 내가 도운 친구의 심적 부담을 덜어줄 때

친구 좋다는 게 뭐야?

- 네가 있어서 다행이야. 네가 없었다면 제 시간에 끝낼 수 없었을 거야. 꼭 보답할게.
- 당연한걸 뭐, 친구 좋다는 게 뭐야?

200위 맘에 드는 사람이 있는지를 물을 때

누구 점찍어 둔 사람 있니?

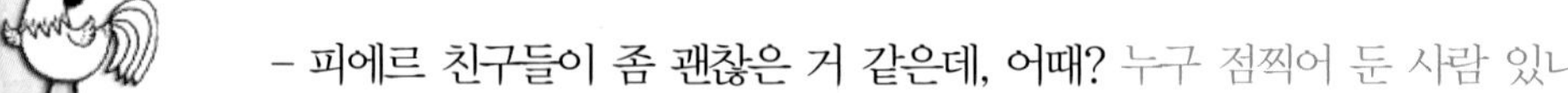

- 피에르 친구들이 좀 괜찮은 거 같은데, 어때? 누구 점찍어 둔 사람 있니?

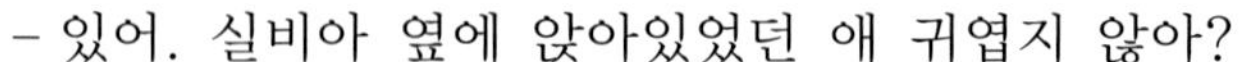

- 있어. 실비아 옆에 앉아있었던 애 귀엽지 않아?

201위 다리 근육에 경련이 올 때

다리에 쥐났어.

- 난 오늘 너무 심하게 운동해서 다리에 쥐났어.
- 운동한 뒤엔 스트레칭 하는 거 잊지 마.

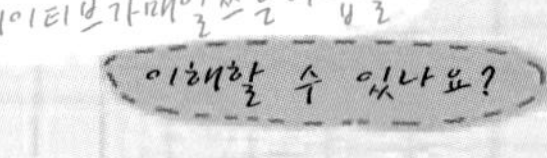
프랑스네이티브가매일쓰는이입말
이해할 수 있나요?

199위 Ça sert à quoi d'avoir des amis ?

- Heureusement que tu étais là.
  Sans toi je n'aurais jamais pu finir à temps.
- Quoi de plus naturel ? Ça sert à quoi d'avoir des amis ?

200위 Il y en a un sur lequel tu as flashé ?

- Les amis de Pierre sont plutôt pas mal, non ?
  Il y en a un sur lequel tu as flashé ?
- Oui, celui qui était assis à côté de Sylvia était mignon, non ?

201위 J'ai des crampes aux mollets.

- J'ai fait tellement de sport aujourd'hui que j'en ai des crampes aux mollets.
- N'oublie pas de faire des étirements après le sport.

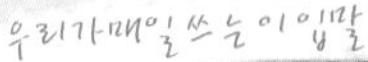

202위 친구나 동료가 헤어진 연인에 미련을 갖고 있을 때

너무 연연해하는 거 아니야?

- 난 기욤이 미워. 나랑 헤어진 지 일주일도 채 안돼서 딴 여자가 생겼어.
- 이미 지나간 일이야. 너무 과거에 연연해하는 거 아니야?

203위 사랑의 마음을 표현할 때

하늘만큼 땅만큼 사랑해.

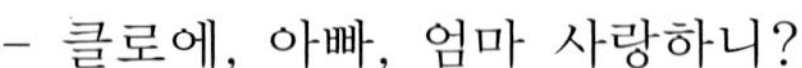

- 클로에, 아빠, 엄마 사랑하니?
- 저는 우리 아빠, 엄마 하늘만큼 땅만큼 사랑해요.

해설 : à la folie 광적으로, 열렬히

204위 악몽을 꾸었을 때

가위 눌렸어.

- 지난 밤 너무 이상했어. 나 침대에서 완전 가위 눌렸었어.
- 정말 희한하다. 요즘 무슨 걱정 있어?

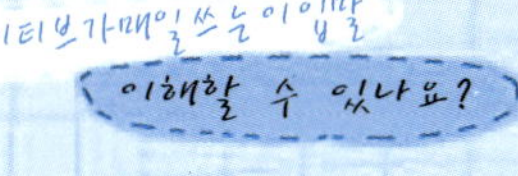
프랑스네이티브가매일쓰는이입말
이해할 수 있나요?

202위 Tu ne t'accrocherais pas un peu trop?

- Guillaume, je le déteste. Ça fait même pas une semaine qu'on s'est quitté et il m'a déjà remplacée.
- C'est de l'histoire ancienne. Tu ne t'accrocherais pas un peu trop au passé ?

203위 Je les aime à la folie.

- Chloé, tu aimes tes parents ?
- Bien sûr ! Papa et maman, je les aime à la folie.

204위 Je me suis retrouvé paralysé.

- C'était trop étrange la nuit dernière.
  Je me suis retrouvé totalement paralysé dans mon lit.
- Effectivement, c'est étrange. Tu as des soucis en ce moment ?

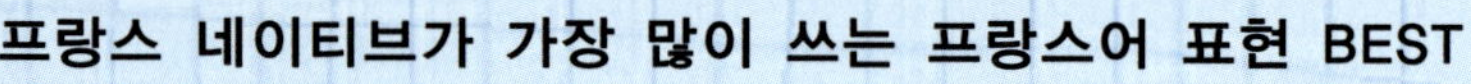

205위 - 216위

205위 김이 다 빠졌네.

206위 기운이 하나도 없어.

207위 면목 없습니다.

208위 속이 좀 안 좋아.

209위 줄 서세요!

210위 눈이 부었어.

211위 손에 가시 박혔어.

212위 빈둥거리지 마.

213위 드디어 이상형을 만난 것 같아.

214위 쟤들은 단짝이야.

215위 삼각관계

216위 우린 서로 전기가 통했어.

205위 – 216위

205위	Il est éventé.
206위	Je suis complètement à plat.
207위	Je ne suis pas en mesure de faire face.
208위	Je ne me sens pas très bien.
209위	Veuillez faire la queue, s'il vous plaît !
210위	J'ai les yeux gonflés.
211위	J'ai une épine dans la main.
212위	Arrête de perdre ton temps.
213위	Je pense que j'ai enfin rencontré l'homme de ma vie.
214위	Ils font une sacrée paire.
215위	Une relation à trois.
216위	Le courant est bien passé entre nous.

205위 탄산음료의 맛이 밍밍할 때

김이 다 빠졌네.

- 왜 콜라를 안 마셔? 콜라 안 좋아해?
- 아니 좋아하는 데, 이건 김이 다 빠졌네. 마실 수가 없어.

206위 몸이 몹시 아파 기력이 없을 때

기운이 하나도 없어.

- 무슨 일이야? 컨디션이 안 좋아 보여.
- 기운이 하나도 없어.

207위 부끄러워 남을 대할 용기가 없을 때

면목 없습니다.

- 시험에 떨어질 수도 있지, 세상이 끝난 게 아니라고. 집에 가자.
- 난 안 가, 부모님 뵐 면목이 없어.

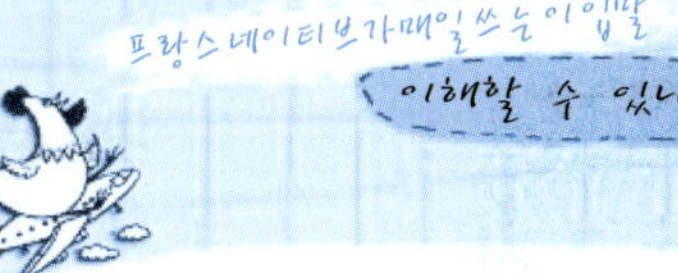
프랑스 네이티브가 매일 쓰는 이 입말
이해할 수 있나요?

205위 Il est éventé.

- Pourquoi est-ce que tu ne bois pas de Coca ?
  Tu n'aimes pas ça ?
- Si, j'adore ça, mais là il est éventé. C'est imbuvable.

206위 Je suis complètement à plat.

- Qu'est-ce qu'il y a ? Tu n'as pas l'air en forme.
- Je suis complètement à plat.

207위 Je ne suis pas en mesure de faire face.

- Ça arrive à tout le monde de rater un examen.
  Ce n'est pas la fin du monde. Rentrons à la maison.
- Sans moi, je ne suis pas en mesure de faire face aux parents.

208위 소화가 되지 않아 더부룩하고 불편할 때

속이 좀 안 좋아.

- 표정이 왜 그래? 무슨 일이야?
- 속이 좀 안 좋아. 배가 아파. 점심 때 너무 많이 먹었나 봐.

209위 질서유지를 위해 줄을 서라고 할 때

줄 서세요!

- 줄 서세요! 창구 앞에 몰려있지 마세요.
- 알았어요, 줄 설게요.

210위 너무 울거나 잠을 자서 눈가죽이 부풀어 올랐을 때

눈이 부었어.

- 네 눈 봤어? 어젯밤에 뭐했어?
- 응 알아. 눈이 부었어. 어제 TV 보면서 밤새 울었거든. 너무 슬펐어.

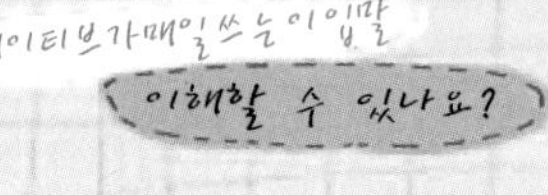
프랑스 네이티브가 매일 쓰는 이 입말
이해할 수 있나요?

208위 Je ne me sens pas très bien.

- Tu en fais une de ces têtes. Qu'est-ce qui t'arrive ?
- Je ne me sens pas très bien. j'ai mal au ventre. J'ai dû trop manger au déjeuner.

209위 Veuillez faire la queue, s'il vous plaît !

- Veuillez faire la queue, s'il vous plaît ! Ne vous agglutinez pas devant le guichet.
- D'accord, on va faire la queue.

210위 J'ai les yeux gonflés.

- Tu as vu tes yeux ?
  Qu'est-ce que tu as fait la nuit dernière ?
- Je sais, j'ai les yeux gonflés. J'ai pleuré toute la nuit devant la télé. C'était trop triste.

211위 손에 가시 박혔을 때

손에 가시 박혔어.

- 손에 가시 박혔어, 아파 죽겠다.
- 봐봐, 내가 빼 줄게.

212위 아무 일도 하지 아니하고 게으름을 피우며 놀기만 하는 사람을 보고

빈둥거리지 마.

- 빈둥거리지 말고 공부 좀 해라! 그러는 게 좋을 거야.
- 네가 상관할 바 아니잖아, 신경 꺼셔.

213위 마침내 꿈에 그리던 사람을 만났을 때

드디어 이상형을 만난 것 같아.

- 나 오늘 소개팅에 갔었는데, 드디어 이상형을 만난 것 같아.
- 정말? 어떤 사람이야?

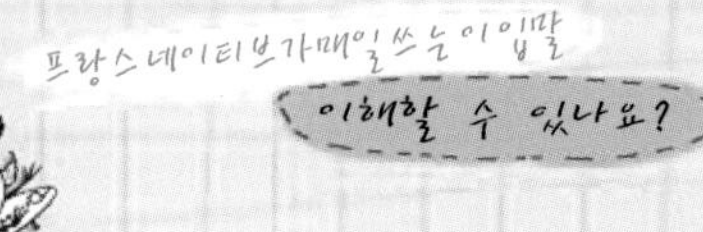
프랑스 네이티브가 매일 쓰는 이 입말
이해할 수 있나요?

211위 J'ai une épine dans la main.

- J'ai une épine dans la main, ça fait trop mal.
- Montre, je vais te l'enlever.

212위 Arrête de perdre ton temps.

- Arrête de perdre ton temps et étudie donc un peu ! Ça te fera du bien.
- Ce n'est pas ton problème, mêle-toi de tes affaires.

213위 Je pense que j'ai enfin rencontré l'homme de ma vie.

- Aujourd'hui j'avais un rencard et je pense que j'ai enfin rencontré l'homme de ma vie.
- Ah bon ? Il est comment ?

214위 서로 잘 통하는 친구들을 보고

쟤들은 단짝이야.

- 크리스토프와 제롬은 만날 같이 있더라. 같이 밥 먹고, 같이 공부하고, 같이 운동하고.
- 그러게, 쟤들은 단짝이야.

215위 세 남녀 사이의 연애관계

삼각관계.

- 더 이상 삼각관계에 뒤엉켜 있지 마라.
- 그건 나도 알고 있어, 근데 어떻게 해야 할까?

216위 남녀 사이에 서로 호감을 느꼈을 때

우린 서로 전기가 통했어.

- 너희들은 처음 만났는데 이야기하는 모습이 마치 오랜 친구 같더라.
- 그러게 말이야. 우린 서로 전기가 통했어.

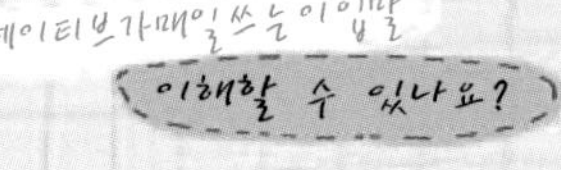
프랑스네이티브가매일쓰는이입말
이해할 수 있나요?

214위 Ils font une sacrée paire.

- Christophe et Jérome sont toujours ensemble. Ils mangent ensemble, ils étudient ensemble, ils font du sport ensemble...
- C'est vrai ça. Ils font une sacrée paire ces deux là.

215위 Une relation à trois.

- Tu ne devrais pas rester dans cette relation à trois.
- Je le sais bien mais comment je peux faire ?

216위 Le courant est bien passé entre nous.

- C'est la première fois que vous vous rencontriez mais à vous entendre parler vous aviez l'air d'être de vieux amis.
- Oui, le courant est bien passé entre nous.

217위 - 228위

217위 죄송합니다만, 성함을 제대로 못 들었네요.

218위 계속 연락하고 지내자.

219위 나 요즘 걔랑 사귀어.

220위 한 귀로 듣고 한 귀로 흘려버려.

221위 어리광 부리지 마.

222위 시간 좀 내줄 수 있어요?

223위 버스는 이미 지나갔어.

224위 늦잠 잤어.

225위 잠깐 눈 좀 붙일게.

226위 잔돈 있으세요?

227위 우린 손발이 척척 맞아.

228위 내 나름대로는 열심히 했어.

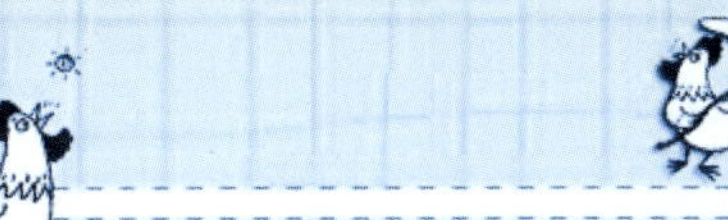

217위 Excusez-moi mais je n'ai pas bien compris.

218위 On se contacte.

219위 Je sors avec elle en ce moment.

220위 Ça lui rentre par une oreille et ça sort aussitôt par l'autre.

221위 Arrête tes gamineries.

222위 Vous pourriez m'accorder quelques minutes ?

223위 C'est du passé maintenant.

224위 J'ai loupé le réveil ce matin.

225위 Je vais fermer l'œil un peu.

226위 Est-ce que vous auriez la monnaie sur...

227위 On s'est entendu à merveille.

228위 Pour ma part, j'ai fait tout ce qui était en mon pouvoir.

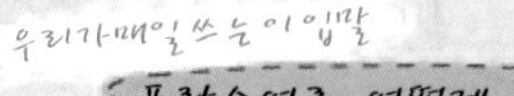
우리가매일쓰는이입말
프랑스어로 어떻게 할까요?

217위 전화통화 중 혹은 대화 중 잘 듣지 못했을 때

죄송합니다만, 성함을 제대로 못 들었네요.

- 죄송합니다만 성함을 제대로 못 들었네요. 성함이…….
- 콜로입니다.

218위 친구끼리 지속적인 교류 및 관계유지를 원하며

계속 연락하고 지내자.

- 이게 내 전화번호야, 계속 연락하고 지내자.
- 그래, 시간 나는 대로 전화할게.

219위 친구에게 교제하는 사람이 있다고 말할 때

나 요즘 걔랑 사귀어.

- 너 여자 친구 생겼다며?
- 전에 역에서 나랑 같이 있었던 여자애 기억나? 나 요즘 걔랑 사귀어.

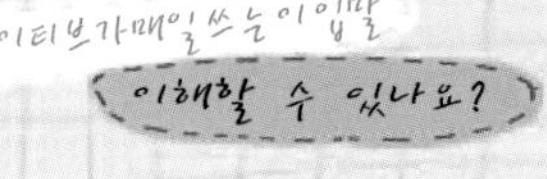
프랑스네이티브가매일쓰는이입말
이해할 수 있나요?

217위 Excusez-moi mais je n'ai pas bien compris.

- Excusez-moi mais je n'ai pas bien compris.
  Vous êtes monsieur...
- Collot, je suis monsieur Collot.

218위 On se contacte.

- Voilà mon numéro de téléphone. On se contacte.
- C'est ça, je te rappelle dès que j'ai du temps libre.

219위 Je sors avec elle en ce moment.

- Il paraît que tu as une nouvelle petite amie ?
- Tu te souviens de la fille qui était avec moi à la gare ?
  Je sors avec elle en ce moment.

220위 남의 말을 귀담아듣지 말라고 하는 말

한 귀로 듣고 한 귀로 흘려버려.

- 피에르는 남의 의견을 전혀 듣질 않아.
- 그러게 말이야, 걔는 한 귀로 듣고 한 귀로 흘려버려.

221위 어른스럽지 못하게 행동할 때

어리광 부리지 마.

- 나 이 귀걸이 사줘. 안 사주면 삐질 거야.
- 어리광 부리지 마. 나한텐 안 통해.

222위 짬을 내어주기를 원할 때

시간 좀 내줄 수 있어요?

- 사장님, 시간 좀 내줄 수 있어요?
- 휴게실에 가서 기다리세요, 전화 한 통 하고 갈게요.

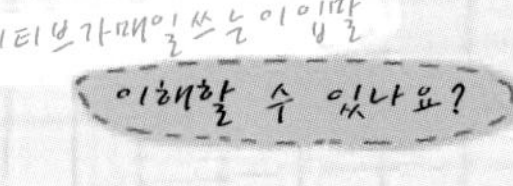
프랑스 네이티브가 매일 쓰는 이 입말
이해할 수 있나요?

220위 Ça lui rentre par une oreille et ça sort aussitôt par l'autre.

- Pierre, il n'écoute vraiment pas ce qu'on lui dit.
- C'est tout à fait ça. Ça lui rentre par une oreille et ça sort aussitôt par l'autre.

221위 Arrête tes gamineries.

- Tu veux bien m'acheter ces boucles d'oreille ? Sinon je te fais la gueule.
- Arrête tes gamineries. Ça ne marche pas avec moi.

222위 Vous pourriez m'accorder quelques minutes ?

- Excusez-moi monsieur le directeur, Vous pourriez m'accorder quelques minutes ?
- Allez m'attendre dans la salle de repos. J'ai un coup de fil à passer. Je vous y rejoins dès que j'ai fini.

223위 기회를 이미 놓쳤다는 말

버스는 이미 지나갔어.

- 너무 아쉽다! 그런 좋은 기회를 놓치다니.
- 버스는 이미 지나갔어, 더 이상 말해봤자 소용없어.

224위 아침 늦게까지 잠을 잤을 때

늦잠 잤어.

- 오늘 아침 왜 지각했어?
- 늦잠 잤어, 게다가 길이 엄청 막혔어.

225위 피곤해서 잠깐 쉬고자 할 때

잠깐 눈 좀 붙일게.

- 너무 피곤해 보이네.
- 이틀 잠 못 잤거든, 잠깐 눈 좀 붙일게. 10분 뒤에 깨워 줘.

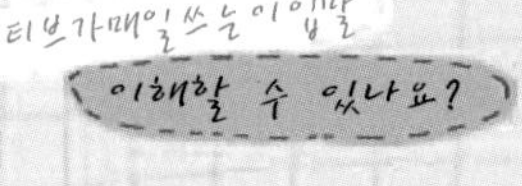
프랑스네이티브가매일쓰는이입말
이해할 수 있나요?

223위 C'est du passé maintenant.

- Je me demande bien comment j'ai pu rater une telle occasion.
- C'est du passé maintenant. Ça ne sert à rien d'en reparler.

224위 J'ai loupé le réveil ce matin.

- Pourquoi tu es en retard ?
- J'ai loupé le réveil ce matin, et en plus il y avait plein de bouchons.

225위 Je vais fermer l'œil un peu.

- Tu as l'air épuisé.
- Il y a deux jours que je n'ai pas dormi. Je vais fermer l'œil un peu. Réveille-moi dans 10 minutes.

226위 잔돈으로 바꾸고 싶을 때

잔돈 있으세요?

- 100유로를 바꿀 잔돈 있으세요?
- 10유로짜리 지폐로 원하세요, 아님 20유로짜리 지폐로요?

227위 호흡이 잘 맞는 사람끼리

우린 손발이 척척 맞아.

- 너희 둘 덕분에 이번 달 판매실적이 두 배로 늘었어.
- 우린 손발이 척척 맞아, 이게 바로 성공의 비결이야.

228위 자신의 입장에서 최선을 다 했을 때

내 나름대로는 열심히 했어.

- 결과는 하늘에 달려 있어, 내 나름대로는 열심히 했어.
- 최선을 다 했다면 너를 나무라는 사람 없을 거야.

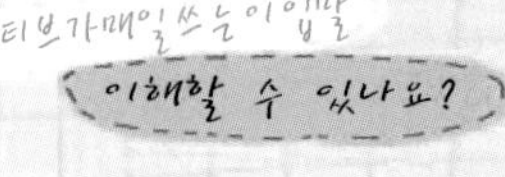
프랑스 네이티브가 매일 쓰는 이 입말
이해할 수 있나요?

226위 Est-ce que vous auriez la monnaie sur…

- Est-ce que vous auriez la monnaie sur 100 euros ?
- Vous préférez en billets de 10 euros ou de 20 euros ?

227위 On s'est entendu à merveille.

- Grâce à vous deux, nos ventes ont été multipliées par deux ce mois-ci.
- On s'est entendu à merveille, c'est ce qu'on appelle le secret de la réussite.

228위 Pour ma part, j'ai fait tout ce qui était en mon pouvoir.

- A présent la réussite est entre les mains du bon Dieu. Pour ma part, j'ai fait tout ce qui était en mon pouvoir.
- Si tu as fait de ton mieux, personne ne pourra te reprocher quoi que ce soit.

229위 – 240위

229위 모르기는 나도 마찬가지야.

230위 그녀를 애타게 만들어야 해.

231위 그건 그렇다 치고, 우릴 좀 도와주면 안 되겠니?

232위 너 반드시 후회하게 될 거야.

233위 성의가 중요한 거지.

234위 걔들 진짜로 사귀기로 한 거니?

235위 좀 깎아 주시겠어요?

236위 깜짝이야, 너 때문에 놀라 자빠지는 줄 알았어.

237위 제가 생각했던 것 보다 비싸요.

238위 내 스타킹 올이 나갔어.

239위 너 아직도 나에게 꽁하고 있니?

240위 돈 엄청 벌었나 봐.

229위 – 240위

229위 Moi non plus, je n'en sais strictement rien.

230위 Il faut faire naître le désir.

231위 Ça c'est une chose, mais vous ne pourriez pas nous aider ?

232위 C'est sûr que tu vas le regretter.

233위 C'est le geste qui compte.

234위 Tu penses que c'est sérieux entre eux ?

235위 Vous pouvez baisser un peu le prix ?

236위 Tu m'as fait peur, j'ai bien cru me retrouver les quatre fers en l'air à cause de toi.

237위 C'est bien plus cher que ce que je pensais.

238위 J'ai effilé mon collant.

239위 Tu m'en veux encore ?

240위 Tu as gagné une fortune ?

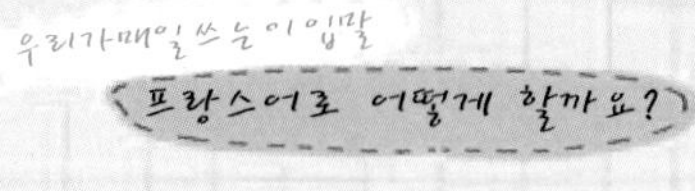
우리가매일쓰는이입말
프랑스어로 어떻게 할까요?

229위 상대방과 같이 나도 정확한 지식이 없을 때

모르기는 나도 마찬가지야.

- 이번 일에 대해서는 정말 하나도 모르거든, 어떻게 해야 돼?
- 모르기는 나도 마찬가지야.

230위 연인 사이에 밀고 당기기를 해야 한다고 할 때

그녀를 애타게 만들어야 해.

- 너 걔 쫓아 다닌 지 꽤 되지 않았니?
  근데 왜 근데 왜 식사초대 한번 안 해?
- 일단 그녀를 애타게 만들어야 해.

231위 다른 건 내버려 두고 도움을 청할 때

그것은 그렇다 치고, 우릴 좀 도와주면 안 되겠니?

- 그것은 그렇다 치고, 오늘은 우릴 좀 도와주면 안 되겠니?
- 장담할 순 없지만, 최선을 다해 볼게.

229위 Moi non plus, je n'en sais strictement rien.

- Cette fois-ci, je n'ai aucune idée de la marche à suivre. On va faire comment ?
- Moi non plus, je n'en sais strictement rien.

230위 Il faut faire naître le désir.

- Tu lui fais les beaux yeux depuis déjà un bon mois, non ? Pourquoi tu ne l'invites pas au restaurant ?
- D'abord, il faut faire naître le désir.

231위 Ça c'est une chose, mais vous ne pourriez pas nous aider ?

- Ça c'est une chose, mais aujourd'hui vous ne pourriez pas nous aider ?
- Je ne vous promets rien mais j'essaierai de faire de mon mieux.

232위 잘못된 결정을 내리려는 사람을 설득할 때

너 반드시 후회하게 될 거야.

- 난 이 일을 그만두기로 마음먹었어.
- 너 반드시 후회하게 될 거야. 좀 더 생각해 보는 게 좋을걸.

233위 어떤 선물을 받을 때 가격보다 중요한 것은 성의란 말을 할 때

성의가 중요한 거지.

- 이런 선물을 해서 미안해. 내가 주문했을 때에는 좀 더 좋아보였는데.
- 괜찮아, 이거 내 맘에 드는 걸. 그리고 성의가 중요한 거지.

234위 그들의 교제 사실이 궁금할 때

걔들 진짜로 사귀기로 한 거니?

- 쟤들 한 달 전부터 매일 데이트하고 있잖아!
- 나도 알아, 근데 걔들 진짜로 사귀기로 한 거니?

232위 C'est sûr que tu vas le regretter.

- J'ai pris la décision de quitter mon travail.
- C'est sûr que tu vas le regretter. Tu devrais prendre le temps de réfléchir un peu plus.

233위 C'est le geste qui compte.

- Désolé pour ton cadeau.
  Il avait l'air mieux quand je l'ai commandé.
- Ne t'en fais pas, il me plaît bien.
  Et puis, c'est le geste qui compte.

234위 Tu penses que c'est sérieux entre eux ?

- Depuis un mois ils n'arrêtent pas de se voir ces deux là !
- Je sais, mais tu penses que c'est sérieux entre eux ?

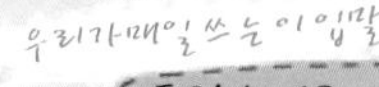

235위 가격 할인을 원할 때

좀 깎아 주시겠어요?

- 너무 비싸요, 좀 깎아 주시겠어요?
- 죄송한데 이건 신상품이라, 깎아 드릴 수가 없어요.

236위 너무 놀라서

깜짝이야, 너 때문에 놀라 자빠지는 줄 알았어.

- 깜짝이야, 너 때문에 놀라 자빠지는 줄 알았어.
- 하하, 생일 축하해!

237위 예상했던 가격보다 비쌀 때

제가 생각했던 것 보다 비싸요.

- 안녕하세요. 손님께서 지금 보고 계시는 이 부엌가구 세트 판매 가격은 1500 유로입니다.
- 네? 1500 유로요? 제가 생각했던 것 보다 비싸네요.

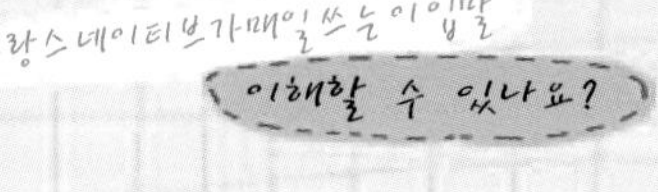
프랑스 네이티브가 매일 쓰는 이 입말
이해할 수 있나요?

235위 Vous pouvez baisser un peu le prix ?

- C'est trop cher. Vous pouvez baisser un peu le prix ?
- Je suis désolé mais c'est la nouvelle collection. C'est impossible.

236위 Tu m'as fait peur, j'ai bien cru me retrouver les quatre fers en l'air à cause de toi.

- Tu m'as fait peur, j'ai bien cru me retrouver les quatre fers en l'air à cause de toi.
- Ah ah, Bon anniversaire !

237위 C'est bien plus cher que ce que je pensais.

- Bonjour. Le buffet de cuisine que vous êtes en train de regarder coûte 1500 euros.
- Quoi ? 1500 euros ? C'est bien plus cher que ce que je pensais.

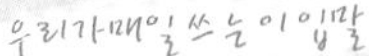

238위 여성용 양말에 놀이 나갔을 때

내 스타킹 올이 나갔어.

- 화장실 안에서 뭐해? 무슨 문제라도 있는 거야?
- 내 스타킹 올이 나가서 손 좀 보고 있어.

239위 상대방이 나에게 무슨 일을 잊지 못하고 속으로만 언짢고 서운하게 여기고 있을 때

너 아직도 나에게 꽁하고 있니?

- 왜 그렇게 토라져 있니? 너 아직도 나에게 꽁하고 있니?
- 아니야, 나 너한테 아무 감정 없어. 무슨 상상하는 거야?

240위 전과 다르게 씀씀이가 는 사람에게

돈 엄청 벌었나 봐.

- 돈 펑펑 쓰는 사람 여기 또 있구나. 차 사고 집 사고 돈 엄청 벌었나봐?
- 응, 우리 할아버지 유산을 물려받았거든.

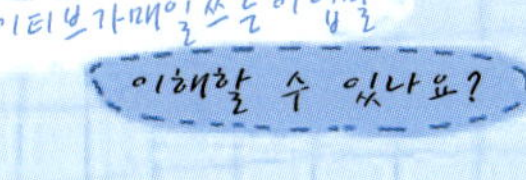

프랑스 네이티브가 매일 쓰는 이 입말
이해할 수 있나요?

238위 J'ai effilé mon collant.

- Qu'est-ce que tu fais dans les toilettes depuis tout à l'heure ? Tu as un problème ?
- J'ai effilé mon collant. Je suis en train d'arranger ça.

239위 Tu m'en veux encore ?

- Pourquoi tu fais la tête ? Tu m'en veux encore ?
- Non, je n'ai rien contre toi. Qu'est-ce que tu vas t'imaginer ?

240위 Tu as gagné une fortune ?

- Il y en a qui ne se privent pas. Une nouvelle voiture, une nouvelle maison, tu as gagné une fortune ou quoi ?
- Oui, je viens d'hériter de mon grand père.

241위 - 252위

241위 둘은 정말 많이 닮았어.

242위 두말하면 잔소리지!

243위 바가지 씌우지 마라!

244위 바빠서 꼼짝 못하겠어.

245위 바쁜 와중에 짬 내서 메시지 보낸 거야.

246위 수작부리지 마!

247위 걘 백수야.

248위 나 화났으니까 말 붙이지마.

249위 질렸어.

250위 세상 살 맛이 안 나.

251위 너 죽을래?

252위 꼴도 보기 싫어.

241위 – 252위

241위 Vous vous ressemblez comme deux gouttes d'eau.

242위 C'est peu de le dire !

243위 Tu lui fais un bon prix !

244위 J'ai trop de travail pour pouvoir m'absenter du bureau.

245위 J'ai quand même pris le temps de t'envoyer un message alors que je déborde de travail.

246위 Ne me prends pas pour une imbécile.

247위 C'est un fainéant.

248위 Je suis fâché, alors ne me parle pas.

249위 J'en ai marre.

250위 Je n'ai plus goût à rien faire.

251위 Tu veux que je te fasse la peau ?

252위 Je ne veux même pas t'apercevoir.

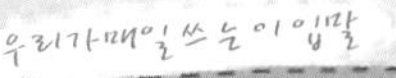

241위 연인 또는 부부의 공통점이 많을 때

둘은 정말 많이 닮았어.

- 너도 고집 세고 그 사람도 고집 세. 둘은 정말 많이 닮았어.
- 나도 알아. 근데 그거 칭찬이야, 비난이야?

242위 쓸데없이 자질구레한 말을 늘어놓을 필요 없이 만족스러울 때

두말하면 잔소리지!

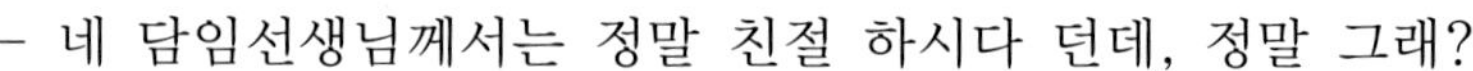

- 네 담임선생님께서는 정말 친절 하시다 던데, 정말 그래?
- 두말하면 잔소리지! 그 분 진짜 최고야!

243위 요금이나 물건 값을 실제 가격보다 비싸게 해 억울한 손해를 입게 하려 할 때

바가지 씌우지 마라!

- 갠 내 친구야, 걔한테는 바가지 씌우지 마라!
- 알았어, 내가 언제 네가 소개시켜준 사람한테 바가지 씌운 적 있니?

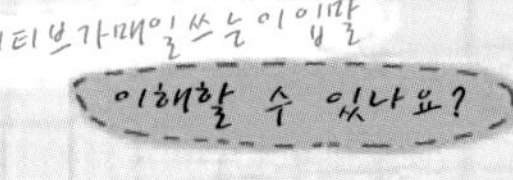
프랑스 네이티브가 매일 쓰는 이 입말
이해할 수 있나요?

241위 Vous vous ressemblez comme deux gouttes d'eau.

- On peut dire que tu es aussi têtu que lui. A ce niveau là, vous vous ressemblez comme deux gouttes d'eau.
- Je sais, mais je dois le prendre comme un compliment ou un reproche ?

242위 C'est peu de le dire !

- Il paraît que ton professeur principal est très sympa, c'est vrai ça ?
- C'est peu de le dire ! Il est absolument génial !

243위 Tu lui fais un bon prix !

- C'est mon ami, alors tu lui fais un bon prix !
- Bien sûr, tu m'as déjà vu rouler dans la farine un client que tu m'as présenté ?

244위 너무 바빠서 잠시도 쉴 틈이 없을 때

바빠서 꼼짝 못하겠어.

- 시간 좀 낼 수 있어? 할 말이 좀 있거든.
- 저녁에 집에 가서 얘기 하면 안 되겠니? 지금 바빠서 꼼짝 못하거든.

245위 바빠도 잊지 않고 연락했음을 강조할 때

바쁜 와중에 짬 내서 메시지 보낸 거야.

- 오늘 무슨 날이길래 너 같이 바쁜 사람이 나한테 연락을 다 하냐.
- 까칠하긴. 그래도 바쁜 와중에 짬 내서 메시지 보낸 거야.

246위 얼렁뚱땅 넘어갈 생각하지 말라고 할 때

수작부리지 마!

- 진짜 그 여자애랑 아무 사이도 아니야. 그냥 친구일 뿐이야.
- 수작부리지 마! 얼렁뚱땅 넘어가려는 거 다 알아.

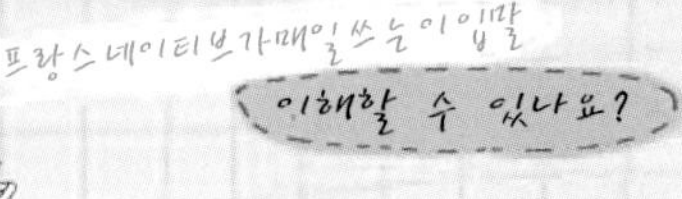
프랑스네이티브가매일쓰는이입말
이해할 수 있나요?

244위 J'ai trop de travail pour pouvoir m'absenter du bureau.

- Tu as un instant ? J'ai quelque chose à te dire.
- Ça ne peut pas attendre ce soir, que l'on soit à la maison ?
  J'ai trop de travail pour pouvoir m'absenter du bureau.

245위 J'ai quand même pris le temps de t'envoyer un message alors que je déborde de travail.

- Aujourd'hui il faut vraiment que ce soit un jour spécial pour que les gens de ton espèce prennent le temps de me contacter.
- Tu n'es pas sympa ! J'ai quand même pris le temps de t'envoyer un message alors que je déborde de travail.

246위 Ne me prends pas pour une imbécile.

- Je t'assure qu'il n'y a rien entre elle et moi.
  C'est juste une amie.
- Ne me prends pas pour une imbécile.
  Je sais bien à quel jeu tu joues.

247위 돈 한 푼 없이 놀고먹으며 빈둥거리는 사람을 가리켜

걘 백수야.

- 너 에스텔 남자친구 알아? 뭐 하는 사람이야?
- 걘 백수야, 근데 일자리도 안 알아보러 다니나봐.

248위 기분이 좋지 않으니 간섭하지 말라는 일종의 경고의 표현

나 화났으니까 말 붙이지마.

- 나 화났으니까 말 붙이지마.
- 아까 다들 다 농담한 것뿐이야. 그렇게 속 좁게 굴지 마.

249위 어떤 일이나 음식 또는 행동 따위에 싫증이 났을 때

질렸어.

- 정말 짜증나, 너희들한테 질렸어. 소란 좀 그만 피워!
- 그럼 우리더러 뭐하란 거야?

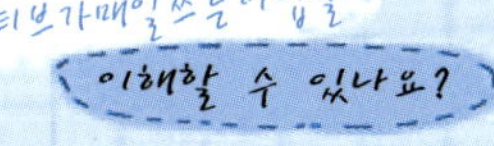
프랑스 네이티브가 매일 쓰는 이 입말
이해할 수 있나요?

247위 C'est un fainéant.

- Tu connais le petit ami d'Estelle ? Il fait quoi dans la vie ?
- C'est un fainéant. Il paraît qu'il ne cherche même pas de travail.

248위 Je suis fâché, alors ne me parle pas.

- Je suis fâché, alors ne me parle pas.
- Tout à l'heure on ne faisait que plaisanter.
  Ne sois pas si susceptible.

249위 J'en ai marre.

- Ça m'énerve vraiment, j'en ai marre de vous.
  Vous ne pouvez pas arrêter votre bazar.
- Mais qu'est-ce qu'on peut faire alors ?

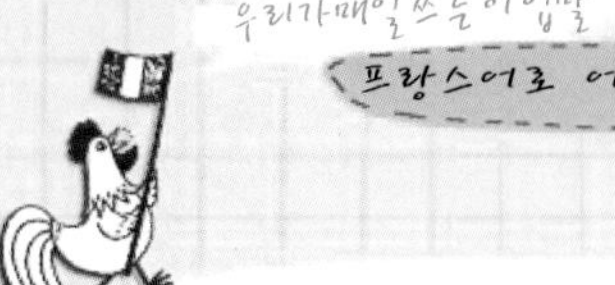

250위 세상을 살아가는 재미나 의욕을 잃었을 때

세상 살 맛이 안 나.

- 왜 그래? 무슨 안 좋은 일이 있냐?
- 힘든 일이 너무 많아서 세상 살 맛이 안 나.

251위 상대편에게 으름장을 놓거나 상대편을 위협하는 말

너 죽을래?

- 너 어떻게 나한테 그럴 수가 있어? 너 죽을래?
- 내가 너한테 그렇게 잘해줬는데.

252위 가뜩이나 미운 사람이 노는 꼴 또는 기뻐하는 것이 몹시 아니꼽고 보기 싫을 때

꼴도 보기 싫어!

- 꼴도 보기 싫어! 널 볼 때마다 난 화를 참을 수가 없어.
- 왜? 내가 너한테 뭘 어쨌길래?

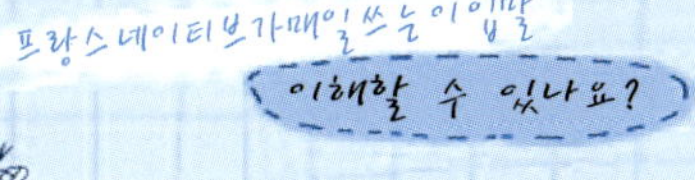
프랑스네이티브가매일쓰는이입말
이해할 수 있나요?

250위 Je n'ai plus goût à rien faire.

- Pourquoi tu fais cette tête? Qu'est ce qui ne va pas ?
- J'ai tellement de problèmes que je n'ai plus goût à rien faire.

251위 Tu veux que je te fasse la peau ?

- Comment tu peux me faire ça ?
  Tu veux que je te fasse la peau ?
- Et dire que j'ai fait tout ce que je pouvais pour toi.

252위 Je ne veux même pas t'apercevoir.

- Je ne veux même pas t'apercevoir. A chaque fois que je te vois ça me met dans une colère pas possible.
- Mais pourquoi ? Qu'est-ce que je t'ai fait ?

253위 – 264위

253위 당근이지.

254위 요점만 말해!

255위 한 번만 봐주세요.

256위 불행 중 다행이구나.

257위 세월이 약이야.

258위 짚신도 짝이 있다.

259위 눈에 넣어도 안 아플 정도야.

260위 우리는 마음이 잘 맞아.

261위 완전 구제불능이야.

262위 정말 눈부시게 예뻐.

263위 그 여자는 성미가 까다로워.

264위 다이어트 한 거야?

253위 Evidemment.

254위 Viens-en au fait !

255위 Juste une fois.

256위 Dans ton malheur tu t'en sors bien.

257위 Laisse faire le temps.

258위 Trouver chaussure à son pied.

259위 Il est à croquer.

260위 Parce qu'on se connaît bien.

261위 Il est vraiment irrécupérable.

262위 Elle est belle à en perdre la tête.

263위 Ce n'est pas une fille facile.

264위 Tu as fait un régime ?

253위 당연하지 라는 표현

당근이지.

- 이 일 좋아해?
- 당근이지. 안 좋아하면 내가 여기 뭐 하러 있겠니?

254위 너저분한 말은 생략하고 간단하게 듣고 싶을 때

요점만 말해!

- 빙빙 돌리지 말고 요점만 말해!
- 좋아. 실은 저번에 너한테 했던 약속 못 지킬 것 같아.

255위 기회를 한 번만 더 달라는 표현

한 번만 봐주세요.

- 제발 들어가게 해 주세요. 한 번만 봐주세요.
- 안 돼. 미성년자는 들어갈 수 없어.

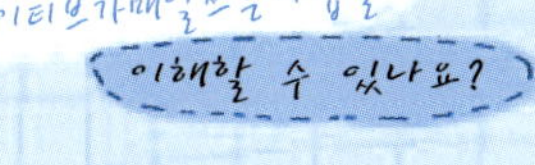
프랑스 네이티브가 매일 쓰는 이 입말
이해할 수 있나요?

253위 Evidemment.

- Tu aimes ce travail ?
- Evidemment. Si je ne l'aimais pas qu'est-ce que je ferais ici ?

254위 Viens-en au fait !

- Arrête de tourner autour du pot et viens-en au fait !
- Bien, en réalité je ne pourrai pas tenir la promesse que je t'ai faite.

255위 Juste une fois.

- Je vous en prie, laissez-moi entrer. Juste une fois.
- Impossible, l'accès est strictement interdit aux mineurs.

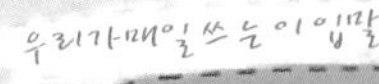
우리가매일쓰는이입말
프랑스어로 어떻게 할까요?

256위 불행 가운데서 그나마 그만하면 다행

불행 중 다행이구나.

- 나 방금 교통사고 당했어.
- 다친 데는 없어? 불행 중 다행이구나.

257위 아픈 기억 따위를 잊는 데는 시간이 필요하다는 표현

세월이 약이야.

- 걔가 날 떠난 지 일 년이 되었지만 아직도 걔를 못 잊겠어.
- 세월이 약이야.

258위 모든 사람은 자신을 알아주는 사람이 있게 마련이라는 표현

짚신도 짝이 있다.

- 왜 저 여자는 그를 그토록 사랑하는 거지? 특별한 곳도 없어 보이는데.
- 짚신도 짝이 있단 말이 있잖아. 그렇게 생각하지 않아?

256위 Dans ton malheur tu t'en sors bien.

- Je viens juste d'avoir un accident de voiture.
- Tu n'es pas blessé ? Dans ton malheur tu t'en sors bien.

257위 Laisse faire le temps.

- Il y a maintenant un an jour pour jour qu'elle m'a quitté mais je n'arrive toujours pas à l'oublier.
- Laisse faire le temps.

258위 Trouver chaussure à son pied.

- Mais pourquoi elle l'aime tant ? Il n'a rien de terrible.
- Le principal c'est de trouver chaussure à son pied. Tu ne crois pas?

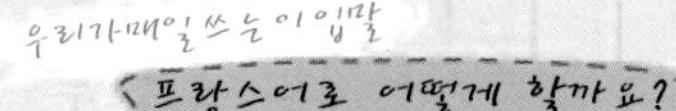
우리가매일쓰는이입말
프랑스어로 어떻게 할까요?

259위 너무 귀엽다는 표현

눈에 넣어도 안 아플 정도야.

- 에릭 아들 봤어? 정말 사랑스럽지 않아?
- 그래, 눈에 넣어도 안 아플 정도야.

260위 호흡이 척척 맞는 사람끼리

우리는 마음이 잘 맞아.

- 내가 원하는 걸 어떻게 알았어?
- 우리는 마음이 잘 맞으니까.

261위 도움이나 충고 따위가 먹히지 않는 사람을

완전 구제불능이야.

- 그는 완전 구제불능이야. 도둑질 다신 안하겠다고 맹세해놓고.
- 신경 쓰지 마, 걔는 망나니야.

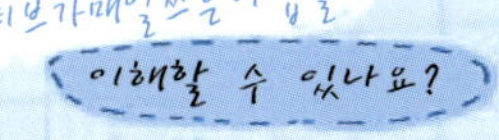
프랑스네이티브가매일쓰는이입말
이해할 수 있나요?

259위 Il est à croquer.

- Tu as vu le fils d'Eric ? Il n'est pas adorable ?
- Si, il est à croquer.

260위 Parce qu'on se connaît bien.

- Comment tu as deviné ce que je voulais ?
- Parce qu'on se connaît bien.

261위 Il est vraiment irrécupérable.

- Il est vraiment irrécupérable.
  Il avait pourtant juré de ne plus rien voler.
- Ne t'occupe pas de lui. C'est un voyou.

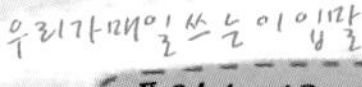

프랑스어로 어떻게 할까요?

262위 아름다운 외모를 칭찬할 때

정말 눈부시게 예뻐.

- 너 바네사 파라디 알아? 그 여자 굉장히 유명해졌다.
- 걔 나랑 같은 대학 나왔어, 그녀는 정말 눈부시게 예뻐.

263위 비위를 맞추기 어려운 성격의 사람을 보고

그 여자는 성미가 까다로워.

- 그 여자 알아?
- 알지, 그 여자는 성미가 까다로워.

264위 몰라보게 살이 빠진 사람을 봤을 때

다이어트 한 거야?

- 너 살 많이 빠졌다! 다이어트 한 거야?
- 응, 나 비만관리소에도 갔었고, 운동도 시작했거든.

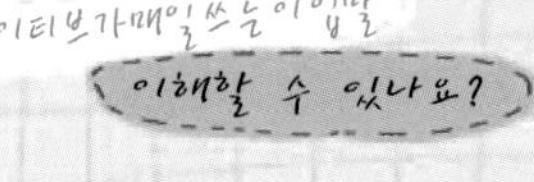
프랑스네이티브가매일쓰는이입말
이해할 수 있나요?

262위 Elle est belle à en perdre la tête.

- Tu connais Vanessa Paradis ? Elle est devenue super célèbre.
- Oui, elle était dans mon université.
  Elle est belle à en perdre la tête.

263위 Ce n'est pas une fille facile.

- Tu la connais ?
- Oui, et je peux te dire que ce n'est pas une fille facile.

264위 Tu as fait un régime ?

- Qu'est-ce que tu as maigri ! Tu as fait un régime ?
- Oui, je suis allé chez le diététicien et je me suis mis au sport.

265위 - 276위

265위 너무 서두르지 마.

266위 오늘 표정이 왜 그렇게 안 좋은 거야?

267위 너 너무 기운 없어 보인다.

268위 지난 일에 연연해하지 마 .

269위 전 여기 단골이에요.

270위 우린 전적으로 찬성이야.

271위 아직 초저녁이야.

272위 일정이 바뀌는 대로 연락주세요.

273위 오고 싶을 땐 언제든지 놀러 와.

274위 우린 만나자마자 마음이 잘 통했어.

275위 이런 감정은 처음이야.

276위 소름이 쫙 끼쳤어요.

265위	Ne te précipite pas trop.
266위	Comment ça se fait que tu as une aussi mauvaise mine ?
267위	Tu as l'air complètement épuisé.
268위	Ne te butte pas à cause de ce qui s'est passé la dernière fois.
269위	Je suis un vieil habitué.
270위	Nous sommes absolument d'accord.
271위	C'est juste le début de la soirée.
272위	Contactez-moi dès que le planning change.
273위	N'hésite pas à venir, la porte t'est toujours grande ouverte.
274위	Dès ce moment là nous étions sur la même longueur d'onde.
275위	C'est la première fois que je ressens une telle chose.
276위	Il m'a donné la chair de poule.

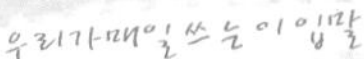
우리가 매일 쓰는 이 입말
프랑스어로 어떻게 할까요?

265위 일을 빨리 해치우려고 급하게 바삐 움직이지 말라고 할 때

너무 서두르지 마.

- 나 간다. 늦겠다.
- 너무 서두르지 마, 그래도 뭣 좀 먹고 가지.

266위 상대의 안 좋은 안색을 보고 염려할 때

오늘 표정이 왜 그렇게 안 좋은 거야?

- 오늘 표정이 왜 그렇게 안 좋은 거야?
- 너랑 상관없는 일이야, 나 혼자 있고 싶어.

267위 상대방이 힘이 없어 보일 때

너 너무 기운 없어 보인다.

- 너 너무 기운 없어 보인다, 어제 잠 못 잤니?
- 응, 어젯밤 나 친구들이랑 밤새도록 놀았어.

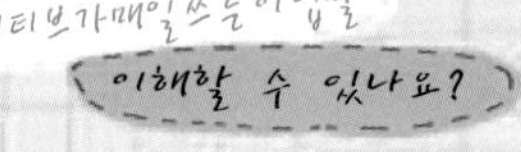
프랑스네이티브가매일쓰는이입말
이해할 수 있나요?

265위 Ne te précipite pas trop.

- J'y vais. Je vais être en retard.
- Ne te précipite pas trop. Prends tout de même le temps de manger quelque chose.

266위 Comment ça se fait que tu as une aussi mauvaise mine ?

- Comment ça se fait que tu as une aussi mauvaise mine ce matin ?
- Il n'y a aucun rapport avec toi. Je voudrais rester seul, s'il te plaît.

267위 Tu as l'air complètement épuisé.

- Tu as l'air complètement épuisé. Tu as mal dormi la nuit dernière ?
- Non, c'est juste que j'ai trainé toute la nuit avec les copains.

268위 상대가 집착이나 미련을 가질 때

지난 일에 연연해하지 마.

- 지난 일에 연연해하지 마. 그게 그렇게 중요하진 않잖아.
- 네가 내 입장이 한번 되어봐.

269위 늘 이용하는 사람임을 강조할 때

전 여기 단골이에요.

- 손님, 죄송한데 오늘 저녁엔 만석입니다.
- 이럴 수가? 전 여기 단골이에요, 게다가 예약까지 했는데요.

270위 하나도 남김없이 완벽하게 찬성할 때

우린 전적으로 찬성이야.

- 우린 전적으로 찬성이야.
- 그렇다면 완벽하군, 폐회해도 되겠다.

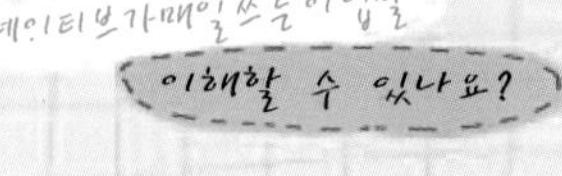

프랑스네이티브가매일쓰는이입말
이해할 수 있나요?

268위 Ne te butte pas à cause de ce qui s'est passé la dernière fois.

- Ne te butte pas à cause de ce qui s'est passé la dernière fois. Ce n'est pas si important que ça.
- Essaie un peu de te mettre à ma place.

269위 Je suis un vieil habitué.

- Nous sommes désolés mais nous sommes complets ce soir.
- Comment ça ? Je suis un vieil habitué, en plus j'avais réservé.

270위 Nous sommes absolument d'accord.

- Nous sommes absolument d'accord.
- Dans ce cas c'est parfait, nous allons pouvoir cloturer la séance.

271위 귀가하기에 너무 이른 시간이라 느낄 때

아직 초저녁이야.

- 집에 가자, 너무 늦었어. 오늘은 술 마실 만큼 마셨잖아.
- 장난해? 아직 초저녁이야. 근데 벌써 헤어지자고?

272위 작업일정, 변동 사항 등 통보를 원할 때

일정이 바뀌는 대로 연락주세요.

- 일정이 바뀌는 대로 연락주세요.
- 네, 알겠습니다. 변동사항이 생기는 대로 알려드릴게요.

273위 부담 없이 지속적인 교류를 위한 만남을 원할 때

오고 싶을 땐 언제든지 놀러 와.

- 옛 친구를 만나게 돼서 정말 기분이 좋아.
- 그래, 오고 싶을 땐 언제든지 놀러와, 문은 항상 열려 있으니까.

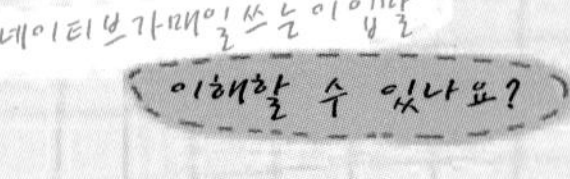
프랑스네이티브가매일쓰는이입말
이해할 수 있나요?

271위 C'est juste le début de la soirée.

- Rentrons, il se fait tard. Et puis on a assez bu pour aujourd'hui.
- Tu rigoles, c'est juste le début de la soirée. On se quitte déjà?

272위 Contactez-moi dès que le planning change.

- Contactez-moi dès que le planning change.
- C'est entendu. Je vous ferai savoir la moindre modification.

273위 N'hésite pas à venir, la porte t'est toujours grande ouverte.

- Ça fait vraiment plaisir de revoir un vieil ami.
- C'est peu de le dire. N'hésite pas à venir, la porte t'est toujours grande ouverte.

274위 공통관심사 등이 많아 서로 대화가 잘 통할 때

우린 만나자마자 마음이 잘 통했어.

- 라쉘이랑 친해?
- 우리 안지는 며칠 안 됐지만 만나자마자 마음이 잘 통했어.

275위 사랑의 감정을 느낄 때

이런 감정은 처음이야.

- 이런 감정은 처음이야. 걔는 정말 최고야.
- 너, 사랑에 빠졌구나.

276위 너무 무서운 것을 봤을 때

소름이 쫙 끼쳤어요.

- 영화 〈링〉 봤어? 너무 무섭더라.
- 정말 유명한 영화야, 나도 그거 보고 소름이 쫙 끼쳤어.

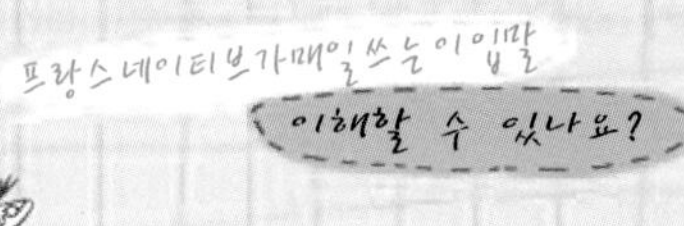
프랑스네이티브가매일쓰는이입말
이해할 수 있나요?

274위 Dès ce moment là nous étions sur la même longueur d'onde.

- Tu es proche avec Rachelle ?
- Nous avons fait connaissance il n'y a que quelques jours mais dès ce moment là nous étions sur la même longueur d'onde.

275위 C'est la première fois que je ressens une telle chose.

- C'est la première fois que je ressens une telle chose. Elle est tellement géniale.
- Toi, tu es tombé amoureux.

276위 Il m'a donné la chair de poule.

- Tu as vu le film 《The Ring》 ? Il fait vraiment peur.
- Il est super connu. Moi aussi quand je l'ai vu, il m'a donné la chair de poule.

277위 - 288위

277위 비밀 지켜줄게.

278위 좋은 생각이 났어.

279위 재는 어디가도 굶어죽진 않겠어.

280위 다른 사람에게 떠넘기려고 하지 마.

281위 제발!

282위 내 말 좀 끝까지 들어줘.

283위 됐어!

284위 내 눈에 흙이 들어가기 전엔 안 돼.

285위 동전 던지기로 결정하자.

286위 정말 완벽해!

287위 저리가! 꺼져!

288위 두고 봐.

277위	Je sais garder ma langue.
278위	Je viens d'avoir une bonne idée.
279위	Il n'a pas l'air d'être du genre à se laisser abattre.
280위	N'essaie pas de nous faire porter le chapeau.
281위	Je t'en prie !
282위	Laisse-moi finir, s'il te plaît.
283위	Ça suffit !
284위	Il faudra d'abord que tu me passes sur le corps.
285위	Je propose que ça se règle à pile ou face.
286위	C'est vraiment parfait.
287위	Tire-toi ! Va-t-en !
288위	On verra bien.

277위 비밀을 지키겠다는 다짐을 할 때

비밀 지켜줄게.

- 이건 아무도 몰라, 아무한테도 말하지 마.
- 걱정 마. 비밀 지켜줄게.

278위 어떤 느낌이나 생각이 떠올랐을 때

좋은 생각이 났어.

- 아, 방금 좋은 생각이 났어.
- 그래? 말해 봐. 솔깃한데.

279위 언제 어디에서나 적응이 뛰어난 사람을 보고

걔는 어디가도 굶어 죽진 않겠어.

- 걔 부모님 돌아가신 후에도, 공부 계속하려고 알바 구했대.
- 맞아, 걔는 어디가도 굶어 죽진 않겠어.

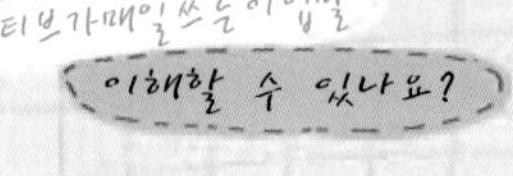
프랑스네이티브가매일쓰는이입말
이해할 수 있나요?

277위 Je sais garder ma langue.

- Personne n'est au courant de ça. N'en parle à personne.
- Ne t'inquiète pas. Je sais garder ma langue.

278위 Je viens d'avoir une bonne idée.

- Tiens, je viens d'avoir une bonne idée.
- Ah bon ? Vas-y, ça m'intéresse.

279위 Il n'a pas l'air d'être du genre à se laisser abattre.

- Après le décès de ses parents il a trouvé un petit travail pour pouvoir continuer ses études.
- Je vois, il n'a pas l'air d'être du genre à se laisser abattre.

280위 자기의 책임을 남에게 미루려 할 때

다른 사람에게 떠넘기려고 하지 마.

- 나에게만 책임이 있는 건 아니라고 봐. 모두에게 책임이 있다고.
- 다른 사람에게 떠넘기려고 하지 마. 다 네 책임이야.

281위 간절히 바랄 때

제발!

- 나 좀 도와줘 제발! 너도 날 안 도와주면 난 죽어.
- 이미 엎질러진 물이야, 나도 어쩔 수 없어.

282위 내 말을 상대방이 다 듣지 않고 자를 때

내 말 좀 끝까지 들어줘.

- 내 말 좀 자르지 말고 끝까지 들어줘.
- 미안해, 계속해.

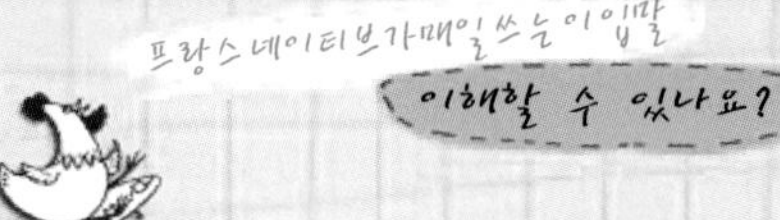
프랑스 네이티브가 매일 쓰는 이 입말
이해할 수 있나요?

280위 N'essaie pas de nous faire porter le chapeau.

- Je ne suis pas le seul et unique responsable. Vous avez tous votre part de responsabilité dans cette affaire.
- N'essaie pas de nous faire porter le chapeau. Cette situation on la doit à toi, et à toi seul.

281위 Je t'en prie !

- Aide-moi, je t'en prie ! Si tu ne le fais pas, je suis mort.
- Le mal est déjà fait. Je ne peux plus rien pour toi.

282위 Laisse-moi finir, s'il te plaît.

- Arrête de me couper la parole et laisse-moi finir, s'il te plaît.
- Désolé, continue.

283위 듣기 싫은 말을 계속 들었을 때

됐어!

- 네가 그런 일을 저질렀다는 게 믿기지가 않는다.
- 됐어! 이제 그만 나무라라고!

284위 죽기 전에는 절대로 허락 할 수 없다는 표현

내 눈에 흙이 들어가기 전엔 안 돼.

- 그 남자랑 결혼하려고? 내 눈에 흙이 들어가기 전엔 안 돼.
- 그가 아니면 난 시집 안가. 그 무엇도 우리를 갈라놓을 수 없어.

285위 어떤 결정을 할 때 (게임의 일종)

동전 던지기로 결정하자.

- 집에 와인이 다 떨어졌어. 네가 빨리 가서 몇 병 사와라.
- 왜 만날 나야? 이번에는 동전 던지기로 결정하자.

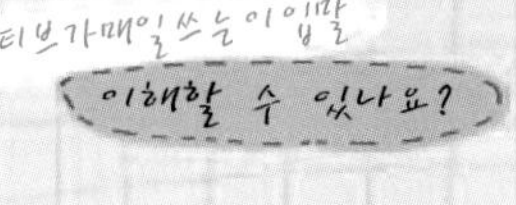
프랑스 네이티브가 매일 쓰는 이 입말
이해할 수 있나요?

283위 Ça suffit !

- Je n'arrive pas à croire que tu as pu faire une telle chose.
- Ça suffit ! Arrête tes reproches !

284위 Il faudra d'abord que tu me passes sur le corps.

- Si tu veux te marier avec lui, il faudra d'abord que tu me passes sur le corps.
- Si ce n'est pas lui, ça ne sera personne. Rien ne nous séparera.

285위 Je propose que ça se règle à pile ou face.

- Il n'y a plus de vin à la maison. Va acheter quelques bouteilles.
- Pourquoi c'est toujours moi qui devrais y aller ? Je propose que ça se règle à pile ou face.

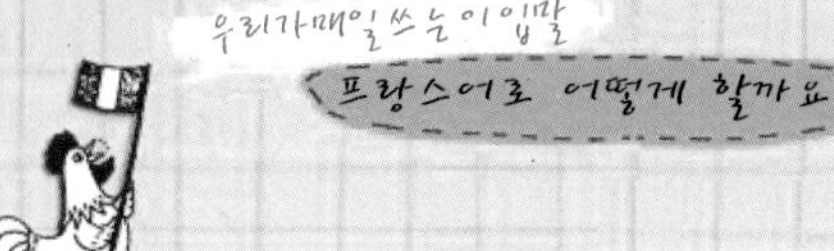
우리가매일쓰는이입말
프랑스어로 어떻게 할까요?

286위 뭐하나 흠잡을 데 없이 결함이 없이 완전한 것 등을 봤을 때

정말 완벽해!

- 우리가 만든 크리스마스 장식 어때?
- 정말 완벽해!

287위 눈앞에 안 보이게 사라져 달라고 강력하게 요구할 때

저리 가! 꺼져!

- 우리 그 시간에 보기로 약속했잖아. 근데 너 왜 안 나왔어? 하루 종일 뭐 한거야?
- 질문이 왜 그렇게 많아? 저리 가! 꺼져!

288위 잊지 않고 마음에 새겨 꼭 이루겠다는 표현

두고 봐.

- 훈련도 못 끝냈으면서 왜 이번 경기에 참가하니?
- 사람 깔보지 마. 두고 봐, 난 이번엔 꼭 이길 거야.

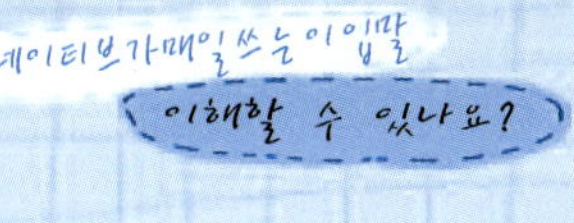
프랑스네이티브가매일쓰는이입말
이해할 수 있나요?

241–252 | 253–264 | 265–276 | 277–288 | 289–300

286위 C'est vraiment parfait.

- Comment est-ce que tu trouves notre décoration de Noël ?
- C'est vraiment parfait.

287위 Tire-toi ! Va-t-en !

- On s'était mis d'accord sur l'heure. Pourquoi tu n'es pas venue ? Qu'est-ce que tu as fait toute la journée ?
- Tu m'embêtes avec toutes tes questions. Tire-toi ! Va-t-en !

288위 On verra bien.

- Tu n'as même pas fini l'entraînement. Pourquoi tu te présentes à cette compétition?
- Ne sous-estime pas les gens. On verra bien, mais cette fois-ci je vais la gagner.

289위 – 300위

289위 몸이 날아갈 것 같아.

290위 생각보다 별로인데…….

291위 넌 내 밥이야.

292위 이 싸가지 없는 녀석아!

293위 쟤는 날라리야.

294위 그 사람은 너무 건방져.

295위 그는 뒤로 호박씨 깐다.

296위 너무 오버하지 마.

297위 뭐 이런 놈이 다 있어!

298위 다 티 난다.

299위 남자는 여자 하기 나름이야.

300위 간덩이가 부었군.

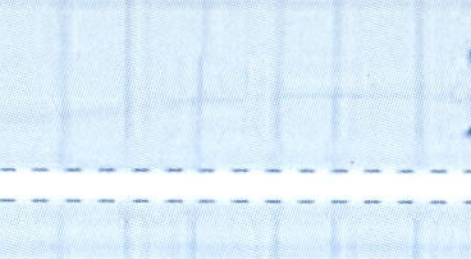

289위 Je me sens des ailes.

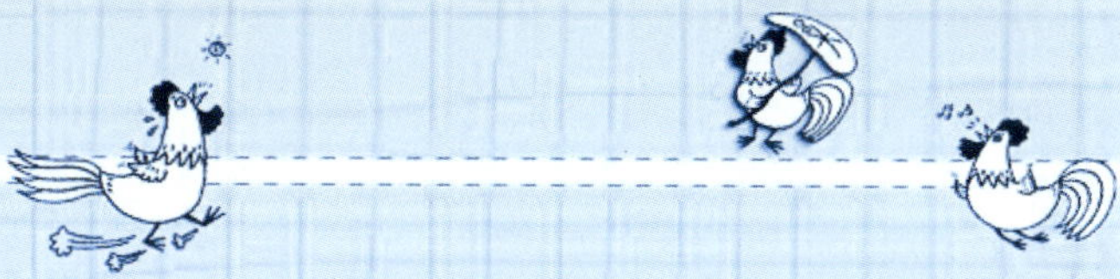

290위 C'est moyen par rapport à ce que tu avais prévu.

291위 Tu ne fais pas le poids.

292위 Espèce de sale gosse.

293위 C'est un bon à rien.

294위 Il n'a pas froid aux yeux, celui-là.

295위 Il casse du sucre sur le dos de tout le monde.

296위 N'en fais pas trop.

297위 Quelle bande d'idiots !

298위 Ça se lit sur ton visage.

299위 La femme est l'avenir de l'homme.

300위 Elle ne manque pas d'air.

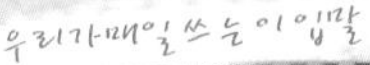

289위 정신, 신체 건강상태가 매우 양호할 때

몸이 날아갈 것 같아.

- 어땠어? 휴가 잘 보냈어?
- 너무 좋았어. 몸이 날아갈 것 같아. 역시 휴가만큼 좋은 게 없다.

290위 기대에 미치지 못했을 때

생각보다 별로인데…….

- DELF 시험에서 100점 만점에 75점 받았어요. 양호하지 않아요?
- 그래? 생각보다 별로인데…….
  네가 최소 90점은 받을 거라고 했었잖아.

291위 넌 내 상대가 안 돼 라는 표현

넌 내 밥이야.

- 너 나랑 한판 붙고 싶냐? 좋아, 애들 장난쯤 되겠군.
- 조심해라. 나 몸 좀 풀고 왔거든. 넌 내 밥이야.

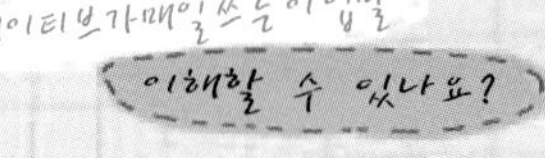
프랑스 네이티브가 매일 쓰는 이 입말
이해할 수 있나요?

289위 Je me sens des ailes.

- Alors ? Elles étaient comment les vacances ?
- C'était génial. Je me sens des ailes. Vraiment rien ne vaut des vacances.

290위 C'est moyen par rapport à ce que tu avais prévu.

- Au dernier examen de DELF j'ai eu 75 sur 100. C'est pas mal, n'est-ce pas ?
- Ah bon ? Mais c'est moyen par rapport à ce que tu avais prévu. Tu m'avais dit 90 au minimum.

291위 Tu ne fais pas le poids.

- Tu veux te mesurer à moi ? D'accord, ça va être un jeu d'enfant.
- Attention ! Je me suis entraîné. Tu ne fais pas le poids.

292위 버릇없는 없는 행동을 하는 사람에게

이 싸가지 없는 녀석아!

- 아저씨 왜 나한텐 담배 안 팔아?
- 이 싸가지 없는 녀석아! 당장 여기서 나가!

293위 언행이 어설프고 들떠서 미덥지 못한 사람을 얘기할 때

쟤는 날라리야.

- 시몽은 뭐하는 사람이야? 걔가 우리 학교에서 싸돌아다니는 걸 자주 봤거든.
- 쟤는 날라리야. 만날 바(bar)나 돌아다니면서 시간을 허비하지.

294위 젠체하며 지나치게 주제 넘는 사람을 일컬어

그 사람은 너무 건방져.

- 그 사람은 너무 건방져. 정말 막무가내야.
- 그러게. 그 값을 치를 날이 꼭 올 거야. 영원한 건 없거든.

292위 Espèce de sale gosse.

- Le vieux, pourquoi tu ne veux pas me vendre de cigarettes ?
- Espèce de sale gosse. Tire-toi de mon magasin !

293위 C'est un bon à rien.

- Simon, qu'est-ce qu'il fait dans la vie ?
  Je l'ai souvent vu tourner autour de l'université mais.
- C'est un bon à rien. Il passe son temps à traîner dans les bars.

294위 Il n'a pas froid aux yeux, celui-là.

- On peut dire qu'il n'a pas froid aux yeux, celui-là.
  Vraiment rien ne l'arrête.

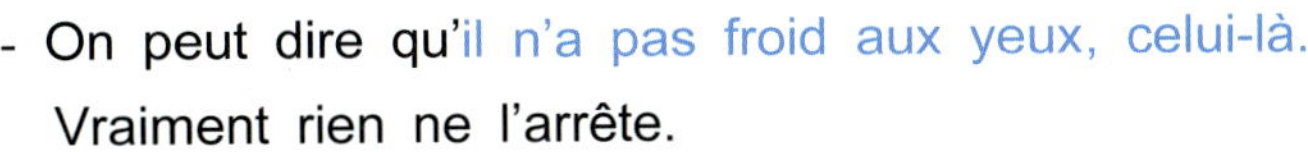

- Certes, mais un jour il le paiera. Rien n'est éternel.

295위 안 그런 척 내숭을 떨 때

그는 뒤로 호박씨 깐다.

- 내가 너라면, 알렉스를 경계할거야. 걔 뒤로 호박씨 까더라.
- 설마! 걔 정말 그런 사람이야?

296위 지나치게 행동하지 말라고 당부할 때

너무 오버하지 마.

- 나 걔한테 얘기 좀 해야겠어. 걔 너무 건방지더라.
- 그것도 좋겠다, 그래도 너무 오버하지 마.

297위 상식밖에 행동을 하는 사람을 보고

뭐 이런 놈이 다 있어!

- 뭐 이런 놈이 다 있어! 공공장소에서 싸움을 하다니, 창피하지도 않나봐?
- 내버려둬. 재네들 술 취한 것 같은데.

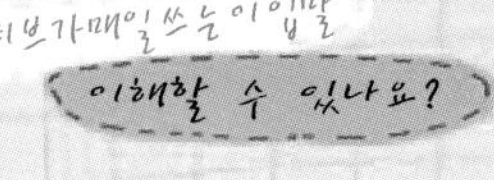
프랑스네이티브가매일쓰는이입말
이해할 수 있나요?

295위 Il casse du sucre sur le dos de tout le monde.

- A ta place je me méfierais d'Alex. Il n'hésite pas à casser du sucre sur le dos de tout le monde.
- Tu rigoles ! Il est vraiment comme ça ?

296위 N'en fais pas trop.

- Je vais lui parler franchement. Il est trop insolent.
- Ça lui fera du bien. Mais n'en fais pas trop, tout de même.

297위 Quelle bande d'idiots !

- Quelle bande d'idiots ! Ils n'ont pas honte de se battre dans un lieu public ?
- Laisse tomber, ils ont l'air d'être ivres.

298위 어떤 태도나 기색을 전혀 감추지 못할 때

다 티 난다.

- 내가 누구 싫어하는 거 그렇게 티나?
- 그래, 다 티 난다. 조심 좀 해야겠는걸.

299위 남자의 성공은 여자의 노력 여하에 달려있다는 말을 할 때

남자는 여자 하기 나름이야.

- 그의 성공에는 부인의 내조를 빼놓을 수가 없어. 그녀 없이 그가 그렇게 중요한 위치에 있을 순 없었을 거야.
- 그러니까 남자는 여자 하기 나름이야.

300위 겁이 없는 모양을 일컬어

간덩이가 부었군.

- 저 여자 지난번에 그러고, 어떻게 또 여길 올 수 있지?
- 간덩이가 부었군, 저 여자 쫓아버려!

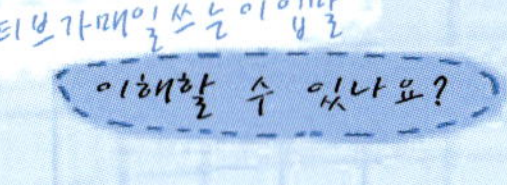
프랑스네이티브가매일쓰는이입말
이해할 수 있나요?

298위 Ça se lit sur ton visage.

- Ça se voit tant que ça quand je n'aime pas quelqu'un ?
- Ben oui, ça se lit sur ton visage. Tu devrais faire attention.

299위 La femme est l'avenir de l'homme.

- Ça réussite, il la doit à sa femme. Sans elle, il ne serait jamais devenu aussi important.
- D'où : La femme est l'avenir de l'homme.

300위 Elle ne manque pas d'air.

- Comment elle ose remettre les pieds ici après ce qui s'est passé la dernière fois ?
- Elle ne manque pas d'air, celle-là. Mets-la dehors.

색인

가

나

다

마

바

사

아

자